广东省哲学社会科学规划项目"环境约束和产权保护下中国自主创新与经济增长研究"(GD13YGL06)资助

|光明学术文库｜经济与管理书系|

中国区域自主创新与经济增长研究

——以环境约束和产权保护为视角

汪 曲 | 著

光明日报出版社

图书在版编目（CIP）数据

中国区域自主创新与经济增长研究：以环境约束和产权保护为视角 / 汪曲著． --北京：光明日报出版社，2022.3

ISBN 978－7－5194－6537－7

Ⅰ.①中… Ⅱ.①汪… Ⅲ.①区域经济—国家创新系统—研究—中国 Ⅳ.①F127

中国版本图书馆 CIP 数据核字（2022）第 057877 号

中国区域自主创新与经济增长研究：以环境约束和产权保护为视角
ZHONGGUO QUYU ZIZHU CHUANGXIN YU JINGJI ZENGZHANG YANJIU:
YI HUANJING YUESHU HE CHANQUAN BAOHU WEI SHIJIAO

著　　者：汪　曲	
责任编辑：李　倩	责任校对：崔瑞雪
封面设计：中联华文	责任印制：曹　净

出版发行：光明日报出版社
地　　址：北京市西城区永安路 106 号，100050
电　　话：010－63169890（咨询），010－63131930（邮购）
传　　真：010－63131930
网　　址：http：//book.gmw.cn
E － mail：gmrbcbs@ gmw.cn
法律顾问：北京市兰台律师事务所龚柳方律师
印　　刷：三河市华东印刷有限公司
装　　订：三河市华东印刷有限公司
本书如有破损、缺页、装订错误，请与本社联系调换，电话：010－63131930
开　　本：170mm×240mm
字　　数：205 千字　　　　　　　　　　印　张：14
版　　次：2022 年 3 月第 1 版　　　　　　印　次：2022 年 3 月第 1 次印刷
书　　号：ISBN 978－7－5194－6537－7
定　　价：89.00 元

版权所有　　翻印必究

前　言

　　知识经济时代与全球化发展态势引发对知识资本和技术创新的关注与重视，自主创新业已成为地方乃至国家在激烈竞争中获取优势的关键所在。确立自主创新战略，构建自主创新体系，提升自主创新能力，是世界各国增强竞争力的重要手段和谋求发展的关键路径。

　　研究首先从自主创新能力概念内涵出发，构建区域自主创新理论框架，分析中国自主创新政策体系。其次，基于区位特点和政府力量，探究区域自主创新能力的形成机制，尤为关注协同资本积累禀赋、技术选择不同状态、合作网络互动程度、地方政府特色行为的重要作用。再次，立足知识溢出，挖掘区域自主创新能力的影响机理，研究区域自主创新与经济增长的动态演化和协同耦合。在区域自主创新能力形成机制与影响机理整合模型中，加入产权保护和环境约束元素，探讨知识产权保护和环境规制力度下区域自主创新与经济增长。最后，提炼归纳出区域自主创新能力的提升策略与发展机制。

　　基于此，笔者期望达到两大研究目的，一是为中国自主创新找到独特的形成路径和重要的影响机制，探究区域协同资本、技术特征和互动网络如何促使自主创新能力形成与改变，探讨自主创新怎样影响区域经济发展，两者之间的复杂关系在知识保护水平和环境规制力度下又呈现什么状态。二是探索中国地方政府在促进创新和建设经济方面的重要作用和关键地位，关注地方政府在自主创新与经济建设中的角色定位和行为选择，论证政府力量对自主创新能力形成的激发性和管理行为对区域经济发展的引导性。

因此，研究的主要意义在于通过厘清决定中国自主创新能力形成与发展的重要元素，为今后有效培育与提升自主创新能力提供具有中国特色的崭新思路；通过梳理中国自主创新能力与经济发展之间的复杂关系，为未来实现知识保护与自主创新之间的平衡、环境规制与经济增长之间的双赢探索富有成效的中国模式。

目 录
CONTENTS

第一章　中国自主创新的理论框架与政策走向 ………………… **1**
  第一节　自主创新领域研究的理论框架 ………………………… 1
  第二节　中国自主创新政策的发展演变、协同执行与关系网络 …… 6

第二章　区域自主创新源自遗传性基因抑或习得性努力 ……… **40**
  第一节　引言 ……………………………………………………… 40
  第二节　理论分析与研究假设 …………………………………… 42
  第三节　研究设计 ………………………………………………… 48
  第四节　实证结果 ………………………………………………… 53
  第五节　结论 ……………………………………………………… 70

第三章　区域自主创新共同体的框架模式与运行机制 ………… **73**
  第一节　引言 ……………………………………………………… 73
  第二节　分析框架 ………………………………………………… 74
  第三节　研究设计 ………………………………………………… 77
  第四节　实证分析与讨论 ………………………………………… 80
  第五节　结论与总结 ……………………………………………… 99

第四章　区域自主创新的知识溢出效应与经济增长路径 …… 101
第一节　区域自主创新与经济增长的耦合响应关系 …… 101
第二节　区域自主创新对经济增长的知识溢出效应 …… 115

第五章　知识产权保护下区域创新和经济增长的边界条件 …… 133
第一节　引言 …… 133
第二节　机理分析与理论模型 …… 135
第三节　计量模型与指标解释 …… 141
第四节　实证结果与分析 …… 147
第五节　结论 …… 154

第六章　环境规制力度下知识溢出的创新效应与经济效益 …… 156
第一节　问题提出 …… 156
第二节　理论模型与基本框架 …… 158
第三节　研究设计与统计描述 …… 164
第四节　实证分析与基本结论 …… 171

第七章　区域创新能力提升策略与协调发展机制 …… 199
第一节　区域自主创新能力与地方政府行为选择 …… 199
第二节　区域创新能力提升策略与经济协调发展机制 …… 201

参考文献 …… 207
后　记 …… 212

第一章

中国自主创新的理论框架与政策走向

第一节 自主创新领域研究的理论框架

伴随全球化进程的加快与知识经济的发展，自主创新已经成为地方乃至国家在激烈竞争中获取优势的关键所在。确立自主创新战略，构建自主创新体系，提升自主创新能力，是世界各国增强竞争力的重要手段和谋求发展的关键路径，自主创新业已发展为理论研究和实践应用所共同关注的热点前沿。

纵观当前自主创新领域的相关研究，其特点与共性可归纳如下：第一，从自主创新本质挖掘角度看，研究锁定在自主创新能力和自主创新效率，设计科学的指标体系，展开规范评价与系统分析。第二，从自主创新主体设定角度看，研究主体一方面全面涵盖微观、中观和宏观层面，既关注微观层面的企业，中观层面的区域和国家，又关注宏观层面的自主创新体系或系统；另一方面动态贯穿自主创新的过程环节和演变阶段，聚焦于自主创新的方式与过程，促使研究触及自主创新的所有环节与发展历程。第三，从自主创新作用路径角度看，大多研究集中在自主创新的形成原因上，实证检验自主创新的前因变量，并未充分重视自主创新的产出结果，更未建立整合视角全面关注自主创新的前因与结果。此外，在已有研究中对自主创新形成机制的探究多是围绕产业特征、市场结构、投资扶持等，尚未深入探究影响自主创新能力的核心要素与作用方式。综上所述，当前有关自主创新的研究虽已强调其重要性和关注其覆盖性，但对于自主创新尤其是区域自主创新能力形成机制和影响结果的研究仍旧十分匮乏，亟须基于整合模型深入探讨区域自主创新能力的前因与结果，在传统视角基础上关注政府力量和制度环境的重要作用，同时考虑环境约束和产权保护背景下的自主创新能力及其影响机理，而这些都是本研究所关注之处。

一、区域自主创新能力的概念界定

在对区域自主创新能力展开系统研究之前，清晰界定区域自主创新能力，并构建自主创新与经济发展的理论框架，以此有效指导后续研究的有序进行。本研究中的区域自主创新能力是自主创新能力在中国省份层面的表现，是国家自主创新能力的重要组成部分。具体而言，以区域为创新对象，以原始创新、集成创新、引进消化吸收再创新为实现形式，以发挥创新主体的积极性和构建创新系统的协同性为重要手段，实现区域经济增长方式转变、推动区域产业结构升级、提升区域竞争力和扩大区域影响力。对区域自主创新能力的内涵，可从以下方面进一步解读：

第一，区域自主创新能力关注其能力应用范围和影响辐射的"区域性"。区域自主创新能力建立在区域创新系统之上，综合体现区域自主创新水平，区域区位特点及其经济政治文化背景是自主创新能力形成的基础条件。自主创新能力的获取、开发和使用均以区域为单位，其产生影响将覆盖全区域，从创新效率溢出到经济效率。简言之，区域自主创新能力的"区域"特性体现在其自主创新基础依托于区位禀赋，其自主创新主体立足于区域内利益相关者，其自主创新能力取决于区域多元因素共同作用，其自主创新成效体现为区域地理界限内外全范围的溢出性和创新领域内外渗透式的外部性。

第二，区域自主创新能力强调其创新的"自主性"和行为的能动性。基于技术获取来源，自主创新能力细致划分为原始创新能力、集成创新能力以及引进消化吸收再创新能力。原始创新能力是区域自主创新能力的关键组成部分，强调创新的自发性和原创性，由此带来影响的深远性和应用的独立性，原始创新成果辐射范围广泛和转化效果显著。集成创新能力是有机融合与集成应用各种相关科学技术，以此促进创新主体的关联、互动与发展。集成创新的自主性特征表现为知识的自发性集成与技术的创造性融合，带来自主创新体系中自主创新主体之间的能动关联与自主合作，进而激发创新行为与产出创新成果。引进消化吸收再创新能力主要关注对引进技术的消化吸收能力，注重对现有技术的再次开发与创造，尤其需要以开放视角开展交流与合作。这种创新方式的能动性体现在对引进技术抱有学习与创造的想法，在学习基础上消化新知识，在消化基础上创造新技术。

第三，区域自主创新能力注重能力持续提升和动态演进过程。科技日新月异和竞争日趋激烈，促使区域需要立足于区位特点和现存优势，在学习中不断增强自主创新意愿，在尝试中动态提升自主创新能力。伴随竞争态势的转变和资源需求的改变，区域必须不断学习以跟上时代步伐，必须提升能力以满足社会发展需要。区域自主创新能力的"动态性"表现为，随着时间演进而改变的资源需求和发展要求，并随之提升对资源获取能力的渴望和自主创新能力的期待，这就需要区域积累沉淀知识存量，不断引导知识流动，持续更新知识支撑，掌握具备学习能力，开发提升创新能力。

第四，区域自主创新能力呈现多元融合的特点和趋势。区域自主创新能力的"多元性"体现在，从纵向上看是时间的积累与积淀，自主创新能力与时间形成递增函数关系，时间累积的同时知识在积累，学习在进行，创新在尝试，能力在提升；从横向上看是各个创新主体通力合作的结果，是多个创新要素协同作用的产物，是多元能力系统相互影响的效果，强调创新主体、要素环境与经济社会的协同耦合与交互作用；从内外部看区域自主创新能力的形成与发展是一个开放性过程，既强调区域的自主开发和内部的融汇整合，又强调外部的资源利用和成果学习。

因此，区域自主创新能力依托于区位而放眼于中国乃至世界，凭借原始创新、集成创新、引进消化吸收再创新三种形式实现自主创新和能动开发，关注时代变化和技术进步，注重区域内外的多元融合和协同互动，持续学习与动态提升，促进自主创新能力的积累与演进。

二、区域自主创新能力的理论框架

基于区域自主创新能力的内涵解读，遵循从现象到本质的路径，深入挖掘区域自主创新能力与经济增长之间的内在关联与影响机制。从自主创新能力概念内涵出发，构建区域自主创新理论框架和分析中国自主创新政策体系。基于区位特点和政府力量，探究区域自主创新能力的形成机制，尤为关注协同资本积累禀赋、技术选择不同状态、合作网络互动程度、地方政府特色行为的重要作用。立足知识溢出，挖掘区域自主创新能力的影响机理，研究区域自主创新能力与经济增长的动态演化和协同耦合。此外，在区域自主创新能力形成机制与影响机理整合模型中，加入产权保护和环境约束元素，探讨其对区域自主创新与经济增长的边界作用，在此基础上提炼归纳出区域自主创新能力的提升策略与发展机制。

首先，中国自主创新的理论框架与政策走向。在探讨区域自主创新能力之前，一方面规范界定区域自主创新能力的内涵与特点，构建区域自主创新能力的理论框架，以此明确研究的对象与思路。另一方面基于中国自主创新政策体系，深入探索我国自主创新政策的变迁、评介与走向，以此指引研究的内容与过程。简言之，借助量化统计方法以可视化形式揭示中国自主创新政策的当前状态与工具框架，依托政策量化和内容分析方法挖掘中国自主创新政策的执行过程与协同演变，利用社会网络分析方法探究中国自主创新政策的关联网络与府际关系。基于此，提炼出"当前状态——执行过程——管理内涵"的自主创新政策研究思路。

其次，中国区域自主创新能力的形成机制：区位特点与政府力量。中国地大物博、幅员辽阔，虽地属同一国家，但不同区域仍因所处区位不同，拥有各具特色的地域特点与差异多样的资源禀赋，使得不同区域在自主创新能力的基础实力上展现迥异状态，在自主创新能力的形成过程上呈现差异态势。在构建区域自主创新能力的形成机制模型时，将研究视角锁定在区位特点和政府力量，不同区域在协同资本上呈现不同特点，拥有不同的人力资本、社会资本和智力资本，这些区位元素将借助区域的技术实力和网络体系而形成其独具特点的自主创新能力。此外，区域自主创新能力的形成与提升固然离不开政府的作用和制度的影响，将政府力量和制度环境纳入区域自主创新能力形成机制模型中，深入研究政府分权度、腐败程度、官员特征和制度环境所发挥的重要作用。

再次，中国区域自主创新能力的影响机理：知识溢出与经济增长。尽管不同区域拥有不同水平的自主创新能力和不同形式的能力形成机制，但都期望自主创新能力所带来的经济效益和社会影响。因此，在构建区域自主创新能力形成机制的基础上，探究区域自主创新能力的影响机理。简言之，考量区域自主创新能力与经济增长之间的内在关联，尤为关注自主创新与经济增长之间的耦合关系，与知识吸收之间的协同—平衡效应，基于知识溢出效应，深入挖掘区域自主创新能力对经济增长的作用机理和影响路径。

最后，环境约束和产权保护下区域自主创新能力与经济增长。纵观已有研究，不难发现当前尤为缺乏有关区域自主创新能力的整合性研究框架，应当将自主创新能力置于一个全面性的研究模型之中，既探索区域自主创新能力是如何形成的，又分析区域自主创新能力将产生怎样的影响。此外，还需要将这一整合模型置于前沿背景之中，摸索产权保护下区域自主创新能力与经济增长的作用路径，探究环境约束下区域自主创新能力与经济增长的关联效应。在前期研究基础上，归纳与总结区域自主创新能力的提升策略与发展机制。

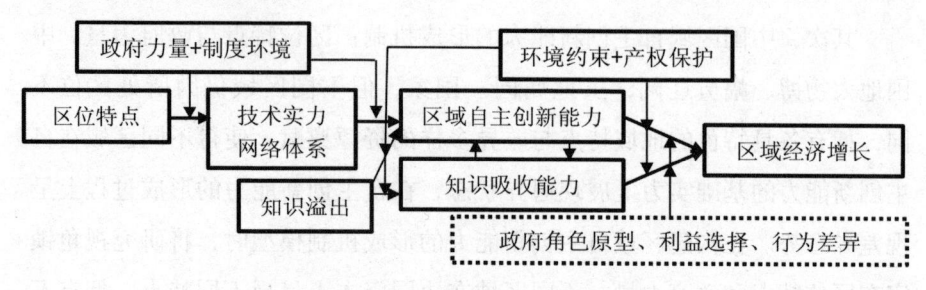

图 1-1 区域自主创新能力整合模型

第二节 中国自主创新政策的
发展演变、协同执行与关系网络

自主创新政策一直以来都是理论界和实践派所共同关注的焦点,党的十八大提出实施创新驱动发展战略,强调科技创新的战略地位和核心位置,十八届五中全会将创新发展作为首要发展理念,国家创新驱动发展战略纲要将创新驱动作为发展第一动力,这些崭新形势将深刻影响着创新政策的制定和执行。而创新政策研究的视角大多聚焦于:一是特定政策主体的挖掘和不同政策主体的对比。如袭著燕等(2014)针对山东省2000—2012年政策文件展开区域创新政策理论探索。蔺洁等(2015)从政策主体、政策工具、政策目标分析框架出发,以中国江苏省和美国加州为切入点,展开中美地方政府创新政策的比较研究。二是特定研究内容的探索和专门研究方法的应用。如黄菁(2014)基于文本量化方法,探讨地方科技成果转化政策领域中的时间分布、类型分布、地域分布、主题领域、特征变迁。陈衍泰等(2014)采用内容分析法,从基本政策工具和二阶段发展模型出发研究新能源汽车产业支持政策。三是全新背景下创新政策的热点领域和范式转型。如李哲(2017)分析了科技创新政策的当前热点领域和未来设计思考。梁正（2017）探究了创新驱动发展战略下政策范式从科技政策向科技与创新政策转型的发展态势。

综上所述，政策量化的研究范式以及创新政策的研究领域已经得到学术界广泛关注，以往在研究方法上大多以定性为主，辅之以简单量化，在研究内容上往往聚焦于某一方面，尚未对政策展开深入系统的研究，这一现状存在的原因在于政策量化的复杂性和研究视角的单一性。在政策量化方面，纷纷致力于开创性和本土化的量化研究；在研究视角整合力度上仍有待提高，尤其是在自主创新领域缺乏以全面性视角整合政策，欠缺以实证性方法演绎政策。已有研究已经关注到了不同政策主体在同一政策领域中呈现截然不同的状态与特征，而不同研究视角下特定政策主体在相关政策领域中的关注重点和表现形式又各具特色，因此政策研究中政策主体的选择和研究视角的确定尤为重要。本研究所关注的政策主体是中国，所研究的政策领域是自主创新政策，所聚焦的切入点是整合动态和静态、兼顾定性与定量的研究视角。在创新驱动发展战略和创新型国家建设目标下，我国自主创新政策呈现怎样的结构特征和变迁趋势？自主创新政策如何有效执行以及协同演变？同时又具有何种关联网络和府际关系？这些问题都是本研究试图探索和解答的问题。

一、自主创新政策研究思路与方法

（一）自主创新政策研究思路

中国自主创新政策可以追溯到中华人民共和国成立之后的技术政策以及改革开放之后的科技政策，而本研究所关注的自主创新政策是参照王元地（2013）的研究，聚焦于2006年之后的科技政策或创新政策，即以2006年2月9日国务院正式公布《国家中长期科学和技术发展规划纲要（2006—2020年）》作为自主创新的开启标志[①]。

---

① 王元地. 中国自主创新政策评价研究 [M]. 北京：经济管理出版社，2013：10.

为了全面关注自主创新政策的静态状态和动态趋势，系统挖掘自主创新政策的外显特征和内在机理，设计了一个整合性的政策研究框架。首先，全面了解自主创新政策的过去和现在，即从特征现状与政策工具角度，揭示自主创新政策当前状态与发展焦点。通过发布时间和政策类型来展现自主创新政策的基本特征，通过三维分析框架（创新政策工具、创新价值链、创新活动类型）来呈现自主创新政策的立体状态。其次，将关注重点深入自主创新政策的执行过程，即以政策量化方法从政策的目标和工具出发考量政策预期成效和可用工具，从政策的执行力度和波动程度出发考察政策执行强度和延续效力，以内容分析方法从政策的收益类型、支持能力、执行方式出发关注政策协同演变。最后，透过政策本身来深入挖掘自主创新中的政策关联和府际关系，即基于社会网络分析方法，探索政策的关联结构网络和行文关系网络，以此来探究中国自主创新过程中的政府力量、政策引导和未来导向。简言之，将2006—2015年所出台的科技或创新政策作为研究对象，展现我国自主创新政策的基本特征与工具框架，挖掘自主创新政策的执行过程与协同演变，探究自主创新政策的关联网络与府际关系，基于此提炼出"当前状态—执行过程—管理内涵"的自主创新政策研究架构。

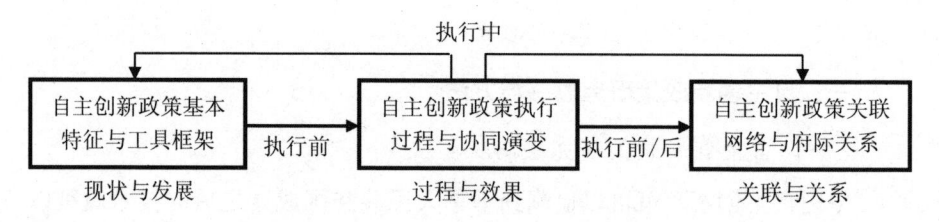

图1-2 中国自主创新政策研究思路

（二）自主创新政策研究方法

本研究中自主创新政策是以"创新""政策""科技""自主创新"为关键词，以2006—2015年为检索时间跨度，运用三种途径检索政策文本。第一，通过国务院、国家发展改革委、科技部、人力资源和社会保障部、财政部以及商务部等官方网站检索；第二，查阅已出版发行的政策汇编等书籍材料；第三，运用百度等搜索引擎检索，以确保政策文件的完备度。接下来对初步检索到的政策文本进行整理与筛选：首先整合对比不同途径获取的政策文件，删除重复收集的政策文本；接着严格以国家中央各部委公布的政策文件为标准，删除来源于地方政府或其他单位的相关文件；然后对信息不完整的政策文件进行补充，无法补全信息的文件予以删除；最后对政策内容进行逐一阅读筛选，删除相关度不高或已失效的政策，以确保政策样本选取的准确性与相关性。经过检索与筛选，最终得到 85 份与自主创新直接相关或相关度较强的政策文本。通过精读每一项政策文本，从名称类型、发布时间、颁布部门、目标措施、政策工具、执行协同等方面进行整理和分类，形成中国自主创新政策数据库。基于此，采用内容分析方法、政策量化统计方法、社会网络分析方法展开深入研究。

二、我国自主创新政策基本特征与工具框架

（一）自主创新政策基本特征

1. 自主创新政策的时间分布

按照发文年度对 85 份政策文本进行统计，从政策数量年度分布图可见，自主创新政策发布呈现三个时间阶段，第一阶段是 2006—2007 年为初始起步期，伴随着《国家中长期科学和技术发展规划纲要（2006—2020年）》及其实施细则的发布，自主创新政策纷纷涌现。第二阶段是 2008—2013 年为稳定发展期，这一阶段自主创新政策年度发文量较为平均和稳定，在自主创新政策相关领域以不同角度展开探索与尝试。第三阶段是 2014—2015 年为重点建设期，这一阶段政策年度发文量大增，并且聚焦于自主创新，表明在前期努力和积累的基础上重点开展自主创新。

自主创新政策发布数量

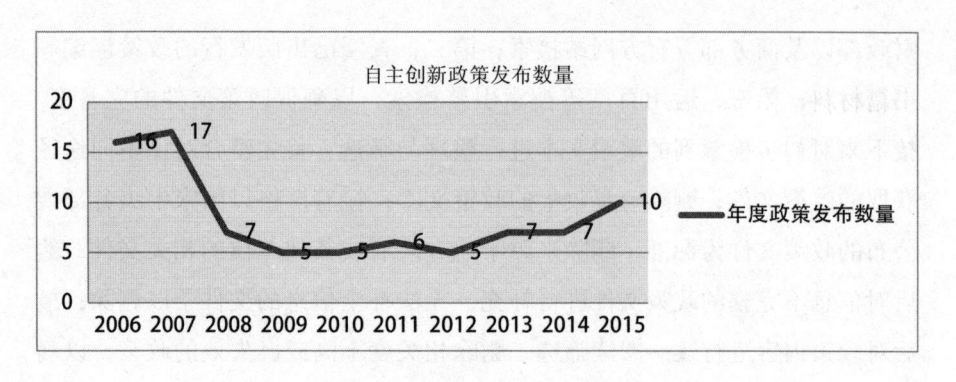

图1-3 自主创新政策年度分布

2. 自主创新政策的类型特点

对自主创新政策从适用范围和文种类型两个维度展开分析，适用范围表明自主创新政策的横向涵盖度，文种类型反映自主创新政策的纵向影响力。参照现有文献，将政策的适用范围分为"普适型"和"专一型"两种，将政策的文种类型分为纲要、规划、计划、决定、细则、政策、方案、通知、意见、办法、法律等。我国自主创新政策中，普适型政策明显多于专一型政策，并且普适型与专一型政策之比在三个阶段呈现逐渐上升趋势，表明我国自主创新政策的适用范围更加普遍，涵盖程度更加宽泛。此外，我国自主创新政策在初始起步阶段较多采用办法、意见和通知的形式颁布，同时其他文种类型也都有涉及，表明这一时期启动自主创新的坚定决心和探索努力。在稳定发展阶段更多运用规划、办法、意见、通知的形式发布政策，表明该时期自主创新的展开逐渐规范化与稳定化。在重点建设阶段集中采用意见和通知的形式公布政策文本，政策类型逐渐单一与聚焦，表明此阶段已经经历了努力尝试和经验积累，逐渐找到发展方向和建设重点，因此常以意见形式来引导自主创新的有效开展。

表1-1 自主创新政策类型特点

年份	适用范围 普适型	适用范围 专一型	适用范围 普适/专一	文种类型 纲要	文种类型 规划	文种类型 计划	文种类型 决定	文种类型 细则	文种类型 政策	文种类型 方案	文种类型 通知	文种类型 意见	文种类型 法律	文种类型 办法
2006—2007 初始起步期	23	10	2.3	3	3	0	1	1	1	0	6	7	1	10
2008—2013 稳定发展期	27	8	3.38	4	7	0	0	1	1	3	6	6	1	6
2014—2015 重点建设期	14	3	4.67	0	0	1	0	0	0	1	4	10	0	1
合计	64	21	10.35	7	10	1	1	2	2	4	16	23	2	17

（二）自主创新政策框架分析

从政策实现角度看，政策是由一系列基本单元经由合理组合而构建出来，同时政策理念是依靠各种政策工具而实现和落实，因此政策工具是公共政策领域中有效的研究渠道，而自主创新政策分析框架需要以工具性视角来解读自主创新政策内容。从创新过程角度看，创新是一个将创新源转化为产品，再提供给市场以实现创新价值的过程，而创新价值链深刻揭示了这一动态且环环相扣的创新链条，因此自主创新政策分析框架应当以价值链视角来描述自主创新实现过程。从创新方式角度看，自主创新有别于一般意义上的创新，自主创新政策分析框架应当聚焦自主创新的独特方式来全面审视自主创新引导重点。基于此，从政策工具、创新价值链、自主创新方式出发，构建自主创新政策三维分析框架。

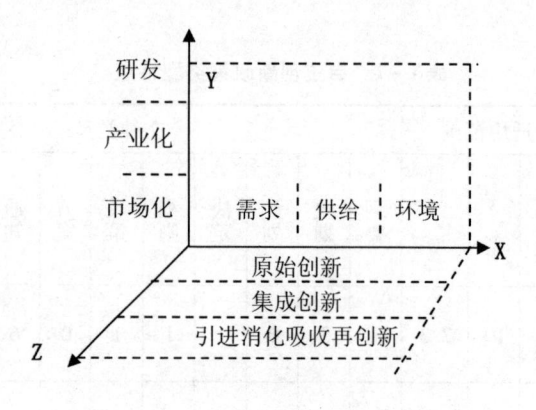

图 1-4　自主创新政策领域分析框架

1. 自主创新政策三维分析框架

（1）X 维度：基本政策工具维度。参照 Rothwell 和 Zegveld（1985）经典创新政策分类思想和赵筱媛等（2007）公共科技政策分析框架，将自主创新政策的基本政策工具划分为需求、供给、环境三个方面①。需求型政策工具指通过创造市场需求，减少市场不确定性，积极拓展与稳定新技术应用市场，以此拉动自主创新（政府采购、外包、贸易管制、海外机构）。供给型政策工具即通过提供直接支持，扩大创新供给，改善创新要素供给状况，以此推动自主创新（资金支持、人力支持、技术支持、信息支持、公共服务）。环境型政策工具指通过影响创新环境因素，为自主创新活动提供有利的政策环境，以此促进自主创新（财务金融、租税优惠、法规管制、策略性措施）。

（2）Y 维度：创新价值链维度。创新是一个价值实现的动态过程，即从创新源到新产品，从新产出到市场化，逐步实现创新价值。创新也是一个链条式集合体，即涵盖一连串独立且关联的创新主体，经历一系列环环相扣的创新环节。参照刘家树等（2011）对创新价值链的划分，将创新价

---

① 赵筱媛，苏竣. 基于政策工具的公共科技政策分析框架研究 [J]. 科学学研究，2007（1）：52 – 56.

值链视为研发、产业化、市场化三个阶段，以不同环节的创新价值实现过程来展现我国自主创新政策的建设重点与努力方向①。

（3）Z维度：自主创新方式维度。自主创新是一个极具中国特色的概念，而最为权威的界定来自《国家中长期科学和技术发展规划纲要（2006—2020年）》，将自主创新定义为三种方式，以获取科学发现和技术发明为目的的原始创新，将多种相关技术有机融合而形成新产品和新产业的集成创新，以及技术的引进消化吸收再创新。原始创新聚焦发明创造，集成创新注重融会贯通，引进消化吸收再创新关注吸收升华。由于自主创新具有三种不同的创新方式，而自主创新政策理应关注独特的创新方式维度。

2. 自主创新政策框架量化分析

对检索出的85份政策文本进行系统整理，采用内容分析法从政策工具、创新价值链、创新方式角度对政策文本进行统计。政策量化的具体过程是，首先将政策文件设定为分析单元并对其进行编号。然后阅读政策文本内容，统计每份政策文件中所涉及的政策工具、创新价值链和自主创新方式，参照谢青和田志龙（2015）的方法，如果同一政策文本中使用了多种政策工具，体现了多个价值链环节和多种创新方式，都予以记录，以期全面梳理自主创新政策文本②。最后汇总政策工具、创新价值链和自主创新方式在85份自主创新政策中被提及和使用的次数，即为自主创新政策三维框架的应用情况和关注程度。为保障数据分析的信度和效度，编码工作由作者完成，然后由研究团队中另一位博士进行核对，并与研究团队其他成员共同讨论有异议之处并达成一致看法。

不同于相关研究以政策条文作为统计单元，本研究以政策文件作为量

---

① 刘家树，菅利荣. 知识来源、知识产出与科技成果转化绩效——基于创新价值链的视角［J］. 科学学与科学技术管理，2011（6）：33－40.
② 谢青，田志龙. 创新政策如何推动我国新能源汽车产业的发展——基于政策工具与创新价值链的政策文本分析［J］. 科学学与科学技术管理，2015（6）：3－14.

化单位，是出于以下原因：第一，基于政策条文统计分析提及频次大多源于政策文本数量较少，以条文统计来扩大分析范围，而本研究样本为85份政策文件，样本量充足且足以支撑研究广度与深度；第二，统计政策条文大多是因为研究视角注重政策细节和条文内容，而本研究以宏观政策结构和内容框架作为切入点。这样的量化方式既能保持政策文件的完整性和一体性，站在政策文件的角度进行分析，了解每份政策文件所关注的内容，又能跨越不同维度之间的界限，符合同一政策既能运用不同政策工具，又能面向不同价值链位置，以及采用不同创新方式的现实需求。简言之，基于对政策文件三维框架使用频次的统计，从时间序列上呈现政策分析框架的纵向发展趋势，从维度跨越上揭示政策分析框架的横向关联范围。

①自主创新政策框架的关注重点。从政策工具维度看，在供给型政策工具中资金支持使用频率最高（78次），紧接着是公共服务（75次）、人力支持（67次）、信息支持（60次）和技术支持（56次），供给型工具的均衡采用表明政策领域尝试使用多种方式推动自主创新。在环境型工具中使用频率最高的是策略性措施（79次），然后是财务金融（70次）、租税优惠（67次）和法规管制（58次），环境型工具的普遍应用表明政策领域利用多元手段营造创新环境。在需求型工具中最为频繁使用的是海外机构（51次），政府采购（22次）和贸易管制（19次）次之，最少使用的是外包（3次），需求型工具的差异使用表明政策领域创造创新需求方式单一。从创新价值链维度看，关注研发阶段的政策最多（98.82%），然后是与市场化阶段相关的政策（96.47%），而聚焦产业化阶段的政策相对较少（95.29%），现有政策虽然已经全面关注创新价值链的三个阶段，仍尤为聚焦于研发，研发成果的市场化和产业化应用略显后劲不足。从自主创新方式维度看，在所有政策中均涉及了不同的自主创新方式，这表明本研究所选择的政策与自主创新高度相关，在一定程度上保障了政策研究的有效性和针对性。综上所述，在自主创新领域，现有政策业已全面关注自主创新的不同方式，兼顾与平衡创新价值链的不同阶段，而在政策工具运用

上，重点运用供给型工具，为我国自主创新提供多方位和多角度的支持与保障，同时强调环境型工具的使用，为我国自主创新营造引导性的创新环境与积极性的创新氛围。今后我国在需求型工具的应用上有待开发，政策对自主创新的需求激发和创新刺激也是至关重要的。

表1-2 自主创新政策框架频次比例

维度类型	工具名称及界定	小计（次）	占比（%）
供给型工具	人力支持：政府直接或间接鼓励人才引进或培养的措施	67	78.82%
	信息支持：政府直接或间接鼓励信息流动或共享的规定	60	70.59%
	技术支持：政府直接或间接鼓励技术开发或应用的政策	56	65.88%
	资金支持：政府实施与资金保障相关的举措	78	91.76%
	公共服务：解决社会问题的相关服务性措施	75	88.24%
环境型工具	财务金融：政府直接或间接给予的财务金融支持	70	82.35%
	租税优惠：政府给予的各项税收减免或优惠举措	67	78.82%
	法规管制：政府规范或管制市场秩序的相关规定	58	68.24%
	策略性措施：协助与支持创新所制定的策略性措施	79	92.94%
需求型工具	政府采购：中央及地方政府的各项采购规定	22	25.88%
	外包：政府采取各种方式或渠道的外包	3	3.53%
	贸易管制：政府对进出口管制的措施	19	22.35%
	海外机构：政府直接设立或协助在海外设立分支机构的规定	51	60%
创新价值链	研发：关注从创新源到新产品的政策	84	98.82%
	产业化：关注从新产品到产业化运营的政策	81	95.29%
	市场化：关注以市场化实现创新价值的政策	82	96.47%
自主创新方式	原始创新：注重发明创造而创新的政策	85	100%
	集成创新：注重融会贯通而创新的政策	85	100%
	引进消化吸收再创新：关注吸收升华而创新的政策	85	100%

②自主创新政策框架的变化趋势。自主创新政策框架在这十年期间呈现出独特的发展趋势，首先是自主创新政策工具，无论是供给型、需求型还是环境型工具，其变化趋势均与自主创新政策发展阶段保持一致，在分布曲线上呈现出 U 型态势，同时供给型工具使用程度最高，而环境型和需求型政策工具次之。其次是创新价值链和自主创新方式，由于自主创新政策均关注到创新价值链的不同环节以及自主创新的不同方式，因此这两个政策框架维度发展趋势曲线是近似重合的 U 型形状，这表明当前自主创新政策既能在横向上强调不同创新方式，也能在纵向上关注不同创新阶段。

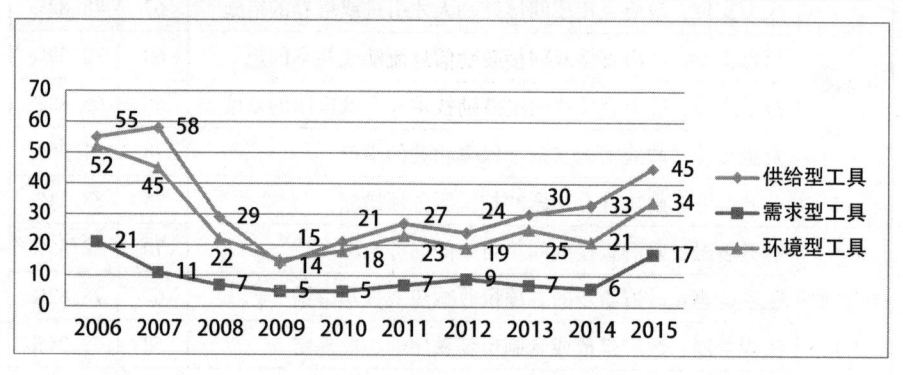

图 1-5　自主创新政策工具变化趋势

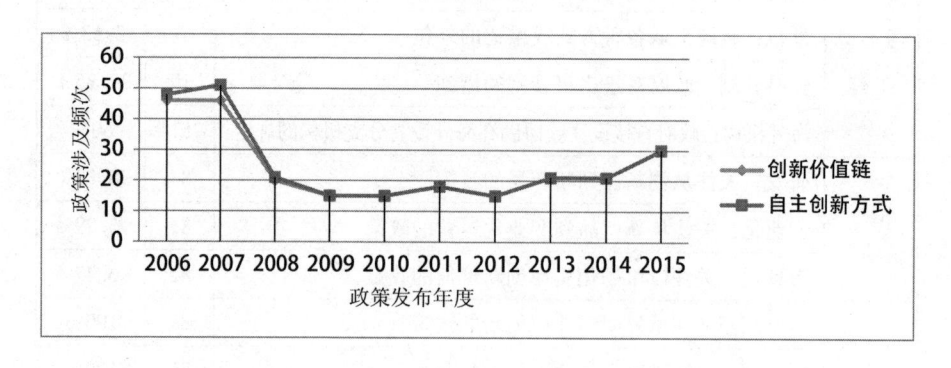

图 1-6　自主创新政策价值链和方式维度变化趋势

③自主创新政策框架的维度关系。自主创新政策框架由政策工具、创新价值链、自主创新方式三个维度组成，由于所研究的自主创新政策均涵盖了不同自主创新方式，此处着重考察政策工具与价值链之间的关系，即考量政策工具与创新价值链之间的共现关系，以及不同类型政策工具之间的相关关系，以此分析自主创新政策框架中不同维度之间的关联与影响。

在政策工具中外包、贸易管制虽然影响力有限，但与创新价值链的关联程度最高（100%）。其次是人力支持、技术支持、租税优惠与创新价值链共现程度较高（98.5%、98.21%、98.5%）。然后是信息支持、海外机构、政府采购、策略性措施、公共服务、资金支持、法规管制，均与市场化及研发关联程度较高，而与产业化共现率次之。财务金融与创新价值链共现比率也较高，与市场化和产业化相比，它与研发的关联度更高一些。可见，当前自主创新政策已经关注到创新价值链的动态过程和自主创新的不同方式，而在政策工具使用上外包、贸易管制、人力支持、技术支持、租税优惠均能全面支撑创新价值链不同阶段的发展。信息支持、海外机构、政府采购、策略性措施、公共服务、资金支持、法规管制更加注重对研发和市场化的支持，财务金融则更加强调对原始研发的引导。因此，在创新价值链中研发阶段已获普遍认可与强调，而市场化和产业化阶段相对较为薄弱，未来自主创新政策应当注重对创新产业化和市场化的凸显与加强，尤其需要强化着眼于不同创新价值链针对性政策工具的开发与应用。

从三种类型政策工具之间的相关关系来看，人力支持、海外机构均与策略性措施、公共服务、资金支持最为相关；信息支持与策略性措施、公共服务、人力支持关联性高；技术支持、法规管制均与人力支持、策略性措施、公共服务、资金支持相关程度高；资金支持与策略性措施、财务金融、公共服务密切相关；公共服务、财务金融均与策略性措施、租税优惠、资金支持紧密相关；租税优惠则与公共服务、资金支持、财务金融相关程度高；策略性措施与人力支持、资金支持和公共服务高度相关；政府采购、贸易管制均与策略性措施、资金支持最为关联。由此可见，不同类型工具以及不同工具维度均能体现在自主创新政策中,并且相互之间的匹配度与共现度较高,这表明自主创新政策具备综合性和全局性特点,自主创新政策功效的发挥离不开需求型、供给型和环境型工具之间的关联、支撑与协同。

表1-3 自主创新政策框架共现统计

	政策工具	人力支持	信息支持	技术支持	资金支持	公共服务	财务金融	租税优惠	法规管制	策略性措施	政府采购	外包	贸易管制	海外机构
供给型工具	人力支持	67	55	55	61	64	56	55	47	65	19	3	17	43
	信息支持	55	60	50	52	58	48	47	45	59	19	3	18	39
	技术支持	55	50	56	54	54	50	50	43	54	19	3	18	38
	资金支持	61	52	54	78	68	69	67	55	72	22	3	19	49
	公共服务	64	58	54	68	75	63	69	51	70	20	3	18	49
环境型工具	财务金融	56	48	50	69	63	70	64	48	64	21	3	17	47
	租税优惠	55	48	50	67	69	64	67	48	61	20	3	18	45
	法规管制	47	45	43	55	51	48	48	58	55	21	3	17	42
	策略性措施	65	59	54	72	70	64	61	55	79	22	3	19	50
需求型工具	政府采购	19	19	19	22	20	21	20	21	22	22	3	14	17
	外包	3	3	3	3	3	3	3	3	3	3	3	3	3
	贸易管制	17	18	18	19	18	17	18	17	19	14	3	19	17
	海外机构	43	39	38	49	49	47	45	42	50	17	3	17	51
创新价值链	市场化	66	60	55	75	73	67	66	57	76	21	3	19	51
	产业化	66	59	54	74	72	67	66	56	75	20	3	19	50
	研发	66	60	55	77	74	69	66	58	78	22	3	19	51

三、我国自主创新政策执行过程与协同演变

自主创新政策要想达到预期成效,离不开有效的政策执行过程和动态的政策协同环节。

(一)自主创新政策执行过程——基于文本内容分析

参照李梓涵昕等(2015)对技术创新政策的界定维度,将自主创新政

策执行过程聚焦于对象受益类型、支持发展能力、宏观目标、执行方式四个方面①。以政策文件作为分析单元,在 85 份政策文件中统计自主创新政策为对象提供的受益类型、激励对象参与活动或发展能力的类型、政策着眼的宏观目标、政策具体的执行方式,当一份政策文件中涉及相关内容则计 1,没有提及则计 0,汇总 85 份政策文件的得分便可知其中有多少份政策关注到此内容,以此揭示自主创新政策对执行过程不同方面的重视程度和应用范围。

1. 自主创新政策对象受益类型

已有研究将政策对象受益类型归纳为财政补贴、税收优惠、金融支持、信息支持、示范、政府采购、人才培养、社会资源优先分配权。基于政策提及频次和相关程度,自主创新政策对象受益类型可以划分为三个层次,政策对象最能感受到社会资源优先分配权和财政补贴,也能从人才培养、税收优惠、示范和金融支持上得到较大支撑与倾斜,并且能够获得一定的信息支持和政府采购。简言之,自主创新政策强调从物质资源和人力资源角度对自主创新提供支撑,先是物质资源的优先分配,再是人力和资金的间接引导,最后是信息和采购的直接加强。

政策频次统计

	财政补贴	税收优惠	金融支持	信息支持	示范	政府采购	人才培养	社会资源优先分配权
■政策频次统计	71	65	63	51	64	41	66	76
■比率	0.835	0.765	0.741	0.6	0.753	0.482	0.776	0.894

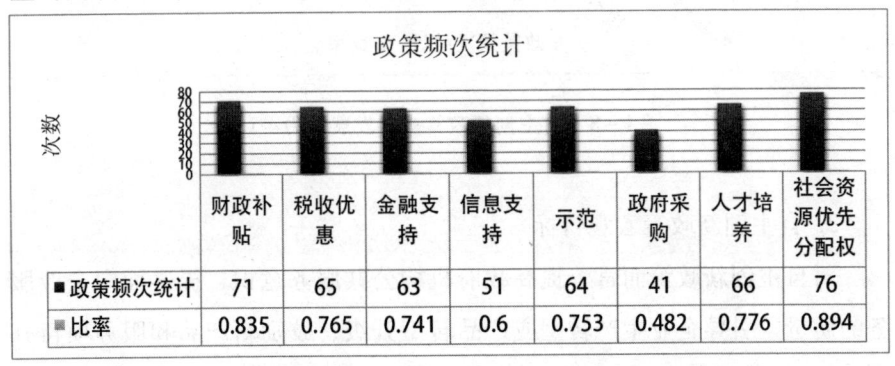

图 1-7 自主创新政策对象受益类型统计

---

① 李梓涵昕,朱桂龙,刘奥林.中韩两国技术创新政策对比研究——政策目标、政策工具和政策执行维度 [J].科学学与科学技术管理,2015 (4):3-13.

2. 自主创新政策支持发展能力

参照相关研究将政策支持发展能力总结为研究开发能力、组织管理能力、技术运用和科研成果转化能力、技术引进消化吸收能力、合作能力、市场化运作能力、知识产权保护、产品工艺创新。自主创新政策对研究开发、技术运用和科研成果转化、技术引进消化吸收、产品工艺创新这四项能力支持力度最大，然后再是市场化运作能力、合作能力和知识产权保护，而对组织管理能力的支持最为薄弱。当前自主创新政策尤为注重不同形式研发能力的开发，未来应当在市场化以及产业化所需相关能力上投入更多关注。因此，自主创新政策对研发能力的开发提供强有力支持，而对市场化运作和产业化发展所需能力的支撑程度有待提高。

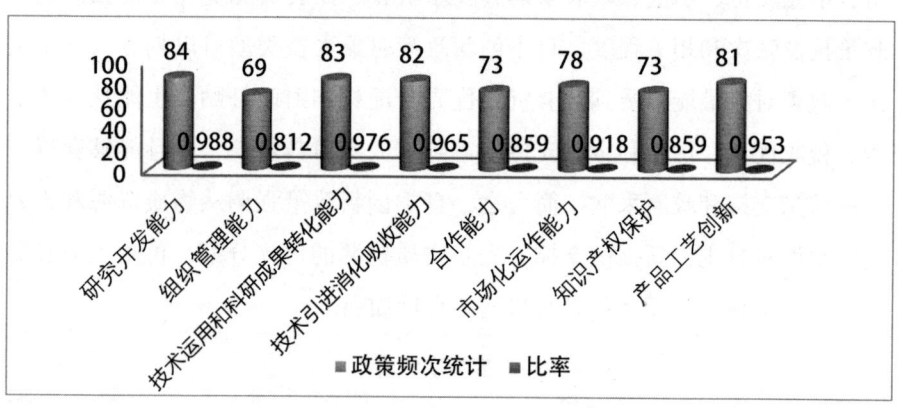

图1-8 自主创新政策支持发展能力统计

3. 自主创新政策宏观目标

对自主创新政策而言，提高政府机构公共服务意识、提升面向企业服务的质量、引导企业生产转型或产品转型升级、鼓励新产品和服务项目开发、促进企业技术转移、社会知识共享和扩散、促进新组织机构产生与创新是其宏观目标。在政策研究样本中，社会知识共享和扩散、促进新组织机构产生与创新、鼓励新产品和服务项目开发是最为重要的目标，在所有目标中具有绝对优势地位。知识共享与创新鼓励是自主创新政策的核心目标，而引导企业创新和提高服务意识是其次要目标。由此可见，自主创新政策在宏观目标上以共享促进和创新鼓励为基础，以引导企业行动和增强自身意识为辅助，注重兼顾氛围环境改变和具体行动影响。

政策频次统计

	提高政府机构公共服务意识	提升面向企业服务的质量	引导企业生产转型或产品转型升级	鼓励新产品和服务项目开发	促进企业技术转移	社会知识共享和扩散	促进新组织机构产生与创新
政策频次统计	60	59	61	81	62	83	83
比率	0.706	0.694	0.718	0.953	0.729	0.976	0.976

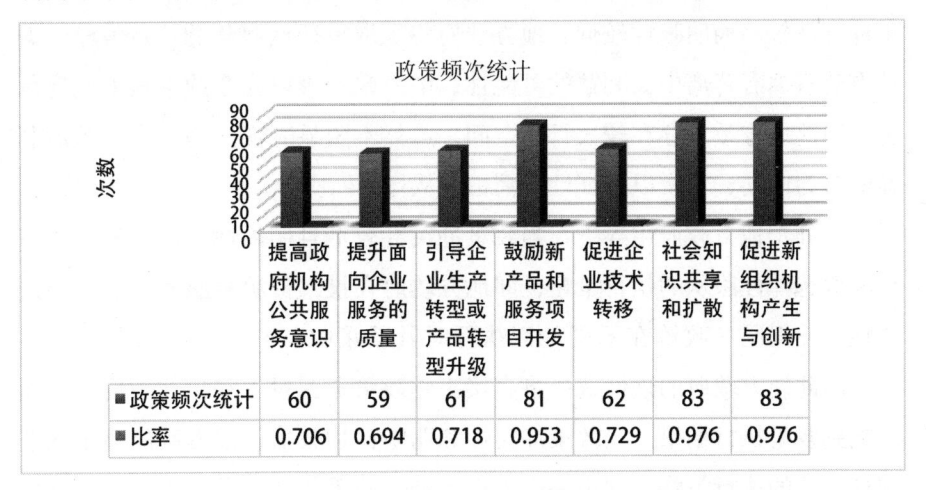

图1-9　自主创新政策宏观目标统计

4. 自主创新政策执行方式

参照殷华方等（2007）的研究，在考量中央—地方政府关系的前提下，根据政策特性（冲突性/明晰性）来选择政策执行策略和执行方式[①]。当处于中央政府主导下，如果政策冲突性较低且明晰性较高，地方政府将采取行政性服从的执行策略，即政策目标一致支持且执行方式清晰无疑，地方政府执行行为将是一种技术性行为，伴随时间推移而逐渐演变成标准化的惯例性政策执行模式，以此提高执行效率并降低随意行为。如果政策冲突性和明晰性均较高，地方政府将采取政治性服从的执行策略，即地方政府在机会主义或自利行为与期望行为之间权衡与摇摆，中央政府的约束力量将影响政策是否能够成功执行。如果政策冲突性和明晰性均较低，地

---

① 殷华方，潘镇，鲁明泓. 中央—地方政府关系和政策执行力：以外资产业政策为例[J]. 管理世界，2007（7）：22-36.

方政府将采取强制性试验的执行策略，即地方政府参与执行愿望强烈，以探索性试验方式达到目标，中央政府主导下政策试验具有强制性质，中央政府制订弹性政策框架，选定的地方政府在这一框架内任意行动。如果政策冲突性较高而明晰性较低，地方政府将采取象征性服从的执行策略，即地方政府拥有背离中央利益的可能性，中央政府难以完全约束地方政府行为，因此地方政府存在较大行动空间，虽然不明显表现出违背中央政府利益的行为倾向，但常以象征性的消极服从行为回应。

当处于地方政府主导下，当政策冲突性较低且明晰性较高，地方政府会采取选择性服从的执行策略，即地方政府在投入资源意愿和强度上的选择性，使得同一政策在不同地区执行时其政策收益和成本分布是不对称的，因此地方政府的理性选择将直接影响政策资源投入和执行力度，进而影响到政策执行结果。当政策冲突性和明晰性均较低，地方政府会采取诱致性试验的执行策略，即中央尚未设计弹性政策框架，没有指定参与试验资格，地方政府主动参与执行实践，为追逐获利机会而自发试验，政策模糊性和地方特征性带来政策执行结果的多样性。当政策冲突性和明晰性均较高，地方政府会采取政治性背离的执行策略，即地方政府在政府间关系均衡上具有话语权，它们不再选择表面上象征性政策服从行为，而是在巨大利益驱动且较少惩罚成本情境下直接背离执行中央政策。当政策冲突性较高而明晰性较低，地方政府会采取认知性背离的执行策略，即地方政府在违背动机和背离行为上都具有可能性，在地方政府主导的格局下地方政府积极采取自利行为，地方政府背离性执行行为是源于认知上的差异性和执行上的多样化。

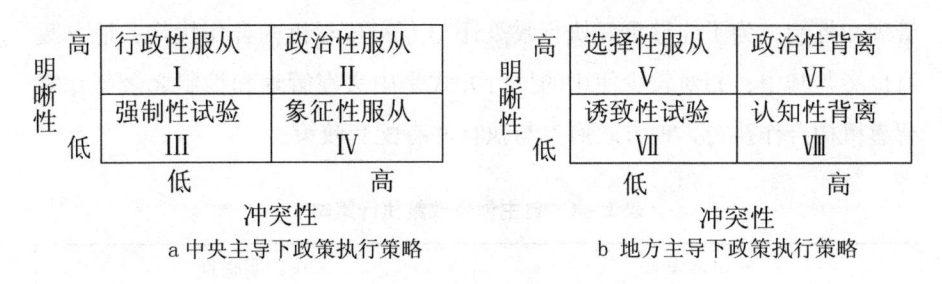

	低 冲突性 高			低 冲突性 高
高 明晰性 低	行政性服从 I	政治性服从 II	高 明晰性 低	选择性服从 V / 政治性背离 VI
	强制性试验 III	象征性服从 IV		诱致性试验 VII / 认知性背离 VIII

a 中央主导下政策执行策略　　　　b 地方主导下政策执行策略

图 1-10　政策执行策略选择

对自主创新政策执行过程而言，阅读每一份创新政策，将分析维度确定为政策内容本身冲突性和明晰性，以及中央政府控制能力和地方政府自主能力四个方面，将评判标准设定为高和低两种程度，所分析政策若在某一维度下符合高或低的评价标准计1，否则为0。通过内容分析和统计量化，发现我国自主创新政策采取的执行策略有以下四种：强制性试验、行政性服从、诱致性试验和选择性服从。我国自主创新政策呈现冲突性低和明晰性高的特点，中央与地方之间的关系则以中央占据主导地位为主要形式。当中央政府拥有高度的控制能力时，地方政府将采用强制性试验和行政性服从的策略，地方政府可能具有参与执行政策的强烈愿望，并以探索性方式试验与尝试，可能技术性执行政策，并使之发展为习惯性和规范性行为。当地方政府拥有较强的自主能力时，地方政府将采取诱致性试验和选择性服从的策略，地方政府可能主动参与执行实践，自发试验以谋求获利机会，可能理性选择资源投入和执行力度，理性行动以获得预期收益。

而针对这四种策略，具体采用不同的执行方式（中央在政策执行中的管理和控制作用、中央和专家智囊机构合作执行、地方政府参与执行、地方政府有相关配套政策）。根据政策中对执行方式使用频率统计可知：最为重要的执行方式是中央在政策执行中的管理和控制作用，同时地方政府参与执行并有相关配套政策；较为常用的执行方式是中央管理和控制，同时地方政府参与执行，但尚未有相关配套政策；仅次之的执行方式是中央管理和控制，为了能够更好执行政策还与专家智囊机构合作执行，地方政府也参与其中；相对较少使用的执行方式是中央在管理和控制之余与专家智囊机构合作执行，地方政府参与执行并有配套政策。

表 1-4 自主创新政策执行策略

政策冲突性		政策明晰性	
高	低	高	低
0	85	48	37
中央政府控制能力		地方政府自主能力	
高	低	高	低
53	32	32	53
中央—地方关系			
中央主导	53	地方主导	32
政策执行策略			
行政性服从	强制性试验	选择性服从	诱致性试验
23	30	13	19

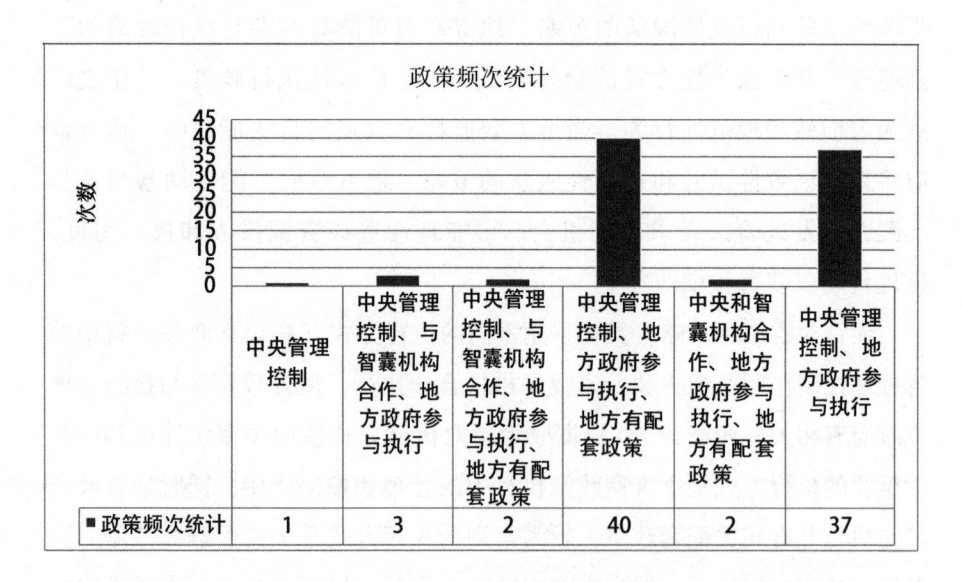

政策频次统计

类别	中央管理控制	中央管理控制、与智囊机构合作、地方政府参与执行	中央管理控制、与智囊机构合作、地方政府参与执行、地方有配套政策	中央管理控制、地方政府参与执行、地方有配套政策	中央和智囊机构合作、地方政府参与执行、地方有配套政策	中央管理控制、地方政府参与执行
政策频次统计	1	3	2	40	2	37

图 1-11 自主创新政策执行方式

(二) 自主创新政策协同演变——基于政策量化统计

在关注自主创新政策执行过程后，不禁思考政策执行效果如何？借鉴彭纪生等（2008）和吕燕（2014）的研究，对政策效力、政策目标、政策措施、政策基础确定量化标准，以评估小组形式对政策文本进行量化[①]。对这四部分的政策量化均是采用 5 分制，政策效力、政策目标和政策措施参见彭纪生等（2008）的政策量化操作手册，政策基础基于吕燕（2014）界定进行适当整合与归纳。具体而言，自主创新政策目标包括知识产权保护、外资引进、技术引进、消化吸收、创新、科技成果转化；自主创新政策措施包括行政措施、金融外汇措施、财政税收措施、其他经济措施、人事措施；自主创新政策基础包括规划项目或科技计划、特定领域的创新支持、创新氛围环境、创新精神、科技公共服务供给、科技公共基础设施建设。自主创新政策目标的实现离不开政策措施的实践和政策基础的支撑，因此对自主创新政策目标、措施与基础协同演变的探究有助于了解自主创新政策的执行效果。

政策执行效果一方面体现为政策本身效力，另一方面体现为政策波动度情况，如果政策效力较高，预期其执行结果将更令人满意，如果政策波动度较小，那么政策的持续影响力较大。在自主创新政策执行效力量化过程中，对单独发文政策和联合发文政策差异化处理，联合发文政策执行效力为发文机构数乘以政策效力量。借鉴已有做法，用每年颁布政策的力度乘以研究期内政策的标准方差表征自主创新政策的波动情况。从量化数据可见，自主创新政策执行效力在年度分布上呈 U 型形态，在 2006—2008 年以及 2014—2015 年这五年政策执行效力较大，而政策波动度与执行效力同步发展，在前三年和后两年波动较大，表明虽然这五年政策效力大，但政策的波动性在一定程度上削弱了政策效力的影响力度和辐射范围。

---

① 彭纪生, 仲为国, 孙文祥. 政策测量、政策协同演变与经济绩效：基于创新政策的实证研究 [J]. 管理世界, 2008 (9): 25-36.

自主创新政策本身只有实现政策目标、措施和基础三位一体的协同与整合,方能获得富有成效的执行结果。借鉴彭纪生等(2008)的方法,将自主创新政策目标、措施和基础得分与政策力度相乘得到自主创新政策的整体力度和整体状况。不难发现,在政策目标中以创新、知识产权保护和科技成果转化为主要目标,消化吸收和技术引进次之,而外资引进得分最低且差距明显,表明我国现阶段创新从以往的引进模仿时期发展为研究开发时期,从外力激励创新演变为自主研发创新,从以经济带动创新转变为创新驱动发展。政策措施在使用上比较均衡,行政措施、经济措施和人事措施平衡采用,表明在自主创新政策上着力以多样化措施保障自主创新的实现,只是在人事措施的使用上最为普遍,此量化结果表明我国经过逐步调整,已形成以能力为导向的自主创新政策体系。政策基础在关注程度上也较为平衡,自主创新政策注重对特定领域的创新支持,以点带面来引导自主创新的延伸与扩散,并且积极营造创新环境氛围,引领大众参与和支持自主创新,同时加强创新公共服务供给,实现创新服务大众的目的,让社会大众从创新中感受改变与发展。此外,自主创新政策也非常关注以规划项目或科技计划的形式支持创新活动,以创新精神培养的形式改变创新思维,以基础设施建设的形式改善创新条件。

图1-12 自主创新政策效力和波动度

表1-5 自主创新政策目标、措施及基础得分比较表

政策维度		均值	标准差	最大值	最小值
政策目标	知识产权保护	14.282	31.103	280	1
	外资引进	7.3412	12.825	112	1
	技术引进	10.776	15.251	112	1
	消化吸收	10.471	15.221	112	1
	创新	15.882	21.441	168	2
	科技成果转化	12.224	18.230	112	1
政策措施	行政措施	12.894	14.438	112	1
	金融外汇措施	12.824	18.614	112	2
	财政税收措施	13.6	18.705	112	2
	其他经济措施	13.988	18.673	112	2
	人事措施	15.482	22.924	168	1
政策基础	规划项目或科技计划	13.953	17.601	112	2
	特定领域的创新支持	16	27.052	224	2
	创新氛围环境	14.235	18.028	112	2
	创新精神	13.506	16.015	112	2
	科技公共服务供给	14.082	20.411	168	1
	科技公共基础设施建设	12.329	19.414	168	1

基于对自主创新政策目标、措施与基础的分析，将继续深入考量三者之间的协同关系，它们之间能否有效协同将直接影响自主创新政策执行效果。参照彭纪生等（2008）的方法，以相乘形式计算自主创新政策目标、措施、基础之间的协同程度。由三者之间的协同数据可知，自主创新政策目标、措施与基础协同度最高，三者有效协同与紧密整合是自主创新政策发挥效用的关键所在，这也在一定程度上显示将自主创新政策执行效果立足于目标导向、措施举措和基础建设的合理性与适用性。而在两两协同中

政策措施与基础协同度较高,表明自主创新政策的有效实现需要政策措施和基础建设的有效整合和同步行动。与此同时,无论是政策措施还是基础建设都能与政策目标达到良好的一致性与协同性,说明自主创新政策能够在清晰目标之下采取有效措施和开展基础建设。

表1-6 自主创新政策目标、措施与基础协同数据

	政策目标	政策措施	政策基础	目标与措施协同	目标与基础协同	措施与基础协同	目标、措施与基础协同
均值	11.829	13.758	14.018	31.018	31.424	36.630	86.238
标准差	18.257	17.790	18.854	46.516	49.552	47.458	137.219

四、我国自主创新政策关联网络与府际关系

政策制定最为核心的两个问题是制定什么以及由谁来制定,从政策制定内容角度看,崭新政策的出台必定是以先前政策制度为前提和基础,从政策制定主体角度看,每一政策的出现必定是相关机构的引导与践行,因此自主创新政策的制定过程既是政策意图传承发展的过程,也是政府机构协同合作的过程。为了深入了解自主创新政策的制定过程,基于政策之间的参照引用情况来挖掘政策文本的价值传递方式和理念扩散模式,基于机构之间的协同合作情况来探究府际关系的互动程度和合作倾向。

(一)自主创新政策关联网络分析

参考黄萃等(2015)的研究,通过考量自主创新政策文本之间的参照关联,挖掘自主创新政策的引用规律和联系状态,以此揭示自主创新政策的关联网络及其结构特征[1]。基于现行政策文献常见的引用提示词,如根据、依据、遵照、贯彻落实、推进、参照、按照、废止、为准、其他等,来发现政策之间的引用关联。

---

[1] 黄萃,任弢,张剑.政策文献量化研究:公共政策研究的新方向[J].公共管理学报,2015(2):129-137.

借助内容分析法，依据关键的引用提示词，将2006—2015年中国自主创新政策进行整体性政策关联分析。研究发现，自主创新政策的关联网络是以《国家中长期科学和技术发展规划纲要（2006—2020年）》《国务院关于印发实施〈国家中长期科学和技术发展规划纲要（2006—2020年）〉若干配套政策的通知》《中共中央　国务院关于深化科技体制改革加快国家创新体系建设的意见》《中华人民共和国科学技术进步法》《中华人民共和国促进科技成果转化法》《中共中央　国务院关于实施科技规划纲要增强自主创新能力的决定》《国家知识产权战略纲要》《国民经济和社会发展第十二个五年规划纲要》为代表，呈现四种典型的政策关联模式，不同政策关联模式展示不同的引用关系和表达不同的政策含义。

第一类：星型网络，即以单一政策为基点的单核心单级别关联网络，此政策网络中政策核心地位显著，政策引用关系直接明了。在自主创新政策领域中，存在两个星型网络，一是以《国家中长期科学和技术发展规划纲要（2006—2020年）》为核心的衍生网络，27个施引政策围绕其形成了单核心单级别的完美星型引用网络。二是以《中共中央　国务院关于深化科技体制改革加快国家创新体系建设的意见》为核心的统摄网络，其下6个施引政策构成了一级简单且完美的星型关联网络。

第二类：延伸星型网络，即以单一政策为基点的单核心多级别网络，此政策网络中核心政策聚焦，引用关系多样多层，但频次尚不足以形成分中心。在自主创新政策框架下，拥有一个延伸星型网络，以《国务院关于印发实施〈国家中长期科学和技术发展规划纲要（2006—2020年）〉若干配套政策的通知》为核心，其下8个施引政策在二级网络中被引用，形成了单核心且多级别的星型结构。

第三类：雪花型网络，即以单一政策为主中心，具有多个分中心的单核心多级别网络，此政策网络中核心政策突出，网络结构复杂，存在小团体和分中心，引用关系呈现多层次多频次特点，这种关联网络存在核心政策，因被多层次频繁引用而呈现不同分中心的复杂形态。在自主创新政策体系中，以《国家中长期科学和技术发展规划纲要（2006—2020年）》为核心政策，同时形成以《中华人民共和国科学技术进步法》《中华人民共和国促进科技成果转化法》《中共中央　国务院关于实施科技规划纲要增强自主创新能力的决定》《国家知识产权战略纲要》《国民经济和社会发展第十二个五年规划纲要》为分中心的雪花型关联网络。

第四类：双（多）子型网络，即以双（多）政策为核心的双（多）中心政策关联网络，此政策网络中存在势均力敌的多个核心政策。在这一关联模式下拥有两个或多个对称对等的政策引用中心，在自主创新政策领域，基于《中华人民共和国科学技术进步法》和《中华人民共和国促进科技成果转化法》这两个势均力敌的核心政策，形成了双核心的自主创新政策关联网络。简言之，基于自主创新政策关联网络分析，寻找到自主创新政策领域的核心政策，以及围绕其而衍生出的关联政策及其引用模式，以此可以将自主创新政策之间的关联方式和引用规律以可视化方式呈现。

（二）自主创新政策府际关系研究

在85项自主创新政策中，由单个机构发文的有52项，占总数的61.18%，由两个及以上机构联合发文的有33项，占总数的38.82%。从政策发文整体结构上看，当前自主创新政策制定仍以单独发文为主，多个部门协作联合发文虽为辅但却是未来发展的趋势。对85项自主创新政策中46个发文机构进行统计分析，并将13个第一发文机构详细发文信息整理如表1-7所示。这13个发文机构既作为独立主力在各自领域单独发文，又积极以第一发文身份带领其他机构制定政策，是自主创新领域的主力军。科技部无论是发文总数还是第一发文总数均处于绝对领先位置，由此可见其在自主创新政策制定中的核心地位。

表1-7 自主创新政策发文主体机构及发文数量

发文机构	发文总数	单独发文总数	牵头联合发文总数	第一发文总数
科技部	39	16	13	28
国务院	21	17	0	17
财政部	20	1	5	6
国家发展改革委	18	6	5	12
教育部	9	0	2	2
税务总局	7	3	0	3
人力资源和社会保障部	7	0	1	1
知识产权局	5	3	0	4
中共中央	5	0	5	5
中共科技部党组	3	3	0	3
国家开发银行	3	0	1	1
全国人民代表大会常务委员会	2	2	0	2
中国银行业监督管理委员会	2	1	0	1
合计	-	52	-	85

作为公共政策决策主体之一的政府部门，其政策的制定与执行是一个动态的博弈过程，既可从中看到充分合作，又可从中发掘潜在冲突。因此，党政机关的联合行文关系能够帮助描述自主创新领域的政策合作网络，以此探究复杂微妙的府际关系，了解政府部门之间的合作模式与冲突态势，识别政策执行过程中政府活动规律。为了能更为直观地了解政策发文主体的关系网络特征，以政府部门之间的联合行文作为观测指标，以社会网络分析为研究工具，展开整体网络分析以可视化形式和量化方法研究自主创新政策领域的府际关系。利用社会网络分析软件UCINET6.0绘制自主创新政策的发文主体合作网络图谱，并对网络结构进行

深入分析。其中,网络图中的"节点"表示发文主体,"线"表示主体之间有联合发文。

1. 自主创新政策合作网络的整体性分析

自主创新政策合作网络样本数量即联合发文数量,网络规模是自主创新政策发文的主体个数,网络关系数表示发文主体两两之间联合发文的连接数,网络联结频次则是发文主体间联合发文的总次数,凝聚力指数代表网络主体之间联系的紧密程度,整体网络密度表示政策合作网络中实际存在的线与最大可能存在的线的数量比值,节点距离是网络中两点之间多条路径中最优或最短路径,而节点平均距离即网络中所有节点的最优路径均值。正如朱桂龙等(2014)的观点,前四个指标以绝对性角度展示政策合作网络的结构特征,规模大小和关系多少直接体现了网络结构的复杂程度和影响范围。后三个指标以相对性角度呈现政策合作网络的性质特征,凝聚状况和网络密度深刻体现了网络结构的关联情况和协同程度[1]。

从总体上看,我国自主创新政策合作网络呈现"鱼形"特征,在"鱼头"部分是由商务部、农业部、林业部、海关总署等23个政府机构紧密聚集而成,这些政府机构常以合作形式共同制定政策。在"鱼尾"部分是由中国科学技术协会、全国总工会、中央编办等13个政府机构分散关联而成,这些机构之间较少协同合作一起出台政策。在"鱼头"与"鱼尾"之间起着关键连接作用的"鱼身"部分,是由科技部、国家发展改革委、教育部、财政部、人力资源和社会保障部等8个政府机构构成,这些机构之间连接的程度介于鱼头的紧密和鱼尾的分散之间,表明这些机构既是自主创新政策领域重要的独立制定者,也是关键的合作引领者,在网络中的重要节点位置意味着它们是联结自主创新政策合作网络的关键主体。从结构上看,我国自主创新政策合作网络发文主体规模

---

[1] 朱桂龙,程强. 我国产学研成果转化政策主体合作网络演化研究[J]. 科学学与科学技术管理,2014(7):40-48.

较大，而网络关系数和联结频次较多，一方面表明自主创新政策领域合作发文是一种非常重要的政策制定方式，另一方面体现自主创新政策发文主体之间注重协调与重视沟通。而自主创新政策合作网络的凝聚力指数较高，表明自主创新政策领域发文主体之间联系紧密且协同一致，政策合作网络的网络密度较大，揭示自主创新政策合作网络对政策制定参与者的影响程度较高，既可以为网络中的政府机构提供社会资源与合作机会，也可能成为限制其发展的重要力量，因此未来自主创新政策领域在保持政府机构之间协同合作的基础上，不同政府机构将尝试发挥独特的作用力和形成各自的影响力。

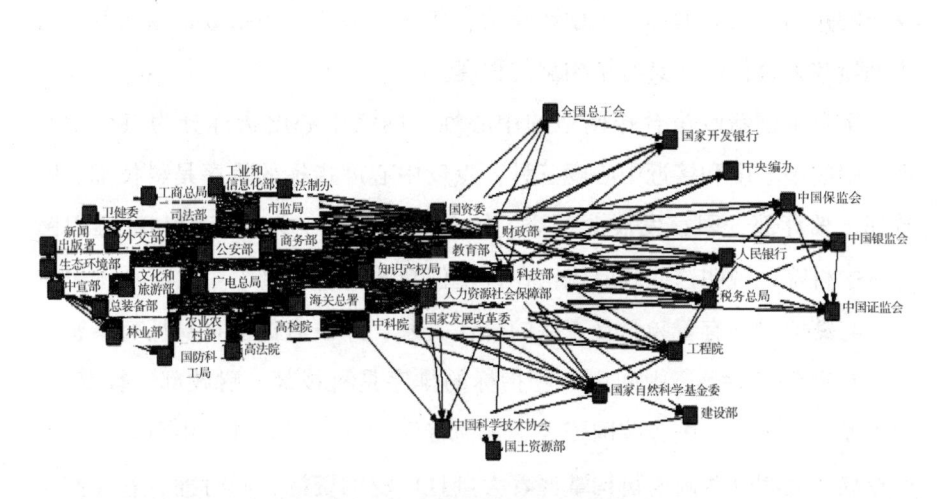

图1-13 自主创新政策主体合作网络图谱

表1-8 自主创新政策合作网络结构特征

指标	数量
样本数量	33
网络规模	46
网络关系数	480

续表

指标	数量
网络联结频次	618
凝聚力指数	0.855
整体网络密度	0.4638
节点平均距离	1.255

2. 自主创新政策合作网络的结构性分析

利用社会网络分析软件 UCINET 6.0 对政策制定主体合作网络节点进行中心性计算，以此了解每个政府机构在自主创新政策领域所处的地位和发挥的作用。同时测算自主创新政策合作网络的结构洞指数，以此判别自主创新政策合作网络具有结构洞的程度。

①自主创新政策合作网络的中心性。网络中心度指标分为点度中心度、中间中心度和接近中心度三种，点度中心度指标的排序是科技部、财政部、教育部、国家发展改革委、国务院国资委、人力资源和社会保障部、中科院，说明这些政府机构在自主创新政策合作网络中具有高度影响力，与其他机构有着频繁且直接的合作关系，即政府机构自身拥有亲密的政策制定合作关系。中间中心度指标的排序是科技部、财政部、教育部、国家发展改革委、国务院国资委、人力资源和社会保障部、中科院、知识产权局，表明这些政府机构掌握着大量且广泛的资源，同时拥有着控制和影响其他机构之间联系与合作的强大能力，即政府机构自身具有影响和控制其他合作关系的能力。接近中心度指标的排序是科技部、财政部、国家发展改革委、国务院国资委、教育部、人力资源和社会保障部，表示这些政府机构与其他机构有着直接或间接联系的程度较高，自身资源较为丰富，政策制定引导地位明显，即政府机构具备不受他人控制与影响的能力。综上所述，科技部、财政部、教育部、国家发展改革委、国务院国资委、人力资源和社会保障部在点度中心度、中间中心度和接近中心度指标

分值上都位于前列，是自主创新政策合作网络中的核心制定主体，它们与其他政府机构之间关系密切，对其他机构产生重要影响，同时在政策制定过程中引领作用显著。

表 1-9 自主创新政策合作网络中心性分析

政策制定主体	点度中心度	中间中心度	接近中心度
国家发展改革委	75.556	19.397	4.437
财政部	84.444	19.737	6.928
科技部	91.111	20.000	12.538
教育部	77.778	19.481	3.565
知识产权局	68.889	19.149	0.888
中科院	73.333	19.313	1.966
人力资源和社会保障部	73.333	19.313	3.232
国务院国资委	75.556	19.397	3.683

（2）自主创新政策合作网络的结构洞。网络结构洞测量指标中，冗余度是某个行动主体相对于其他行动主体而言是冗余之人的程度，在自主创新政策合作网络中外交部、公安部、司法部、环境保护部、农业农村部、商务部、卫生健康委、市监局、工业和信息化部、林业部、法制办、国防科工局、高法院、高检院之间均存在很大的冗余度（96%），表明这些政府机构之间在自主创新政策制定过程中较少互动与合作。限制度是指某个行动主体受到网络中其他行动主体限制的程度，在自主创新政策合作网络中行动主体之间约束性较小，而最大值为建设部、国土资源部这两个机构与其他行动主体间的约束性，达到了25%，表明在自主创新政策制定过程中建设部和国土资源部有23%的利益诉求是通过国家发展改革委来完成的，25%的利益诉求是通过科技部来实现的。结构洞分析中最为常用的四个指数是有效网络规模、效率、总限制度、等级度，有效网络规模衡量政府机构在政策网络中的行动自由程度，规模越大，行动越自由，有效网络

规模分值从高到低依次是科技部、财政部、国务院国资委、教育部等，表明四个政府机构在自主创新政策制定过程中行动自由且最大可能存在结构洞。效率衡量政府机构在政策网络中的行动高效程度，效率越大，行动越高效，效率分值最高的是中共中央和国务院，表明其在自主创新政策制定过程中行动高效且成效显著。总限制度衡量政府机构在政策网络中的受限程度，总限制度越高，其力量越薄弱，越处于边缘地位，总限制度分值由高到低依次是国务院、中共中央、建设部、国土资源部和中央编办，表明这些机构在自主创新政策网络中处于边缘位置，其所覆盖的网络较为封闭和独立，其所拥有的结构洞数量较少。等级度衡量政府机构在政策网络中的核心程度，等级度越大，地位越核心，等级度分值由高到低依次是国务院、中共中央、财政部、科技部、国家发展改革委、教育部，表明这些机构在自主创新政策网络中处于核心地位，也越容易受到限制。国务院和中共中央效率值大、总限制度高且等级度大，说明其行动高效且作用明显，处于网络核心位置并呈现封闭或独立形式。

简言之，基于自主创新政策府际关系分析，探寻自主创新政策合作网络的整体性特征和结构性特质，以此了解政府机构在自主创新政策制定与执行过程中的合作关系和互动模式，生动展现自主创新政策领域的府际关系和行动规律。

表1-10 自主创新政策合作网络结构洞指标

政策制定主体	有效网络规模	效率	总限制度	等级度
国家发展改革委	12.901	0.379	0.180	0.325
财政部	17.066	0.449	0.181	0.379
国务院	1.000	1.000	1.000	1.000
科技部	20.999	0.512	0.164	0.349
教育部	14.616	0.418	0.175	0.303
知识产权局	12.116	0.391	0.136	0.082

续表

政策制定主体	有效网络规模	效率	总限制度	等级度
中科院	13.785	0.418	0.148	0.172
人力资源和社会保障部	12.225	0.370	0.169	0.277
国务院国资委	14.756	0.434	0.164	0.268
中共中央	1.000	1.000	1.000	1.000
建设部	1.751	0.584	0.592	0.042
国土资源部	1.751	0.584	0.592	0.042
中央编办	1.527	0.509	0.512	0.008

五、总结

依托"当前状态—执行过程—管理内涵"的自主创新政策研究框架，以检索筛选后形成的中国自主创新政策数据库为对象，对其展开系统性动态研究。从当前状态视角，探究自主创新政策的基本特征与工具框架；从动态执行层面，挖掘自主创新政策的执行过程和协同演变；从管理内涵角度，分析自主创新政策的关联网络和府际关系。本研究对政策量化研究的应用与深化具有一定的理论意义与实践价值，一方面自主创新政策研究框架的构建为政策研究领域实现静态分析与动态研究相结合提供了尝试基础和应用平台，自主创新政策量化研究的实施丰富了政策研究领域的方法导向和分析渠道。另一方面，自主创新政策质性与定量研究的应用为区域乃至国家制定创新政策提供理论指导，有利于为自主创新政策从顶层设计到实施落地的动态环节如制定、执行和应用提供方向指引。依据上述研究，得出以下结论：

第一，以政策发布时间和文本类型来解读自主创新政策的基本特征，自主创新政策发布时间呈现三个阶段，即初始起步期、稳定发展期和重点建设期，自主创新政策发文类型分析表明初始起步阶段文种丰富与多元、稳定发展阶段逐步规范与平稳、重点建设阶段逐渐单一与聚焦。

第二，以创新政策工具、创新价值链、创新活动类型三维框架来分析自主创新政策的立体状态。自主创新政策关注重点在于全面强调自主创新不同方式和兼顾创新价值链不同阶段，但在政策工具运用上向供给型工具倾斜，同时强调环境型工具使用，却欠缺需求型工具的应用；自主创新政策发展趋势在于既能在横向上强调不同创新方式，也能在纵向上关注不同创新阶段，对政策工具的应用趋势与发展阶段保持一致；自主创新政策维度关系在于不同政策工具维度之间共现度较高，政策工具与创新价值链之间匹配度较高，自主创新政策具备综合性和全局性特点。

第三，以文本分析方法从对象受益类型、支持发展能力、宏观目标、执行方式角度来考量自主创新政策执行过程。自主创新政策对对象先是物质资源的优先分配，再是人力和资金的间接引导，最后是信息和采购的直接加强；政策强调对研发能力的培养，对市场化运作和产业化发展所需能力的支撑程度则有待提高；政策宏观目标以共享促进和创新鼓励为基础，以引导企业行动和增强自身意识为辅助，注重兼顾氛围环境改变和具体行动影响；在政策低冲突性和高明晰性背景下，在中央政府和地方政府特定关系情境中，地方政府将采用强制性试验、行政性服从、诱致性试验和选择性服从策略，针对这四种策略具体采用不同执行方式。

第四，以政策量化方法从执行力度、波动程度和协同演变来评价自主创新政策执行效果。自主创新政策执行效力和波动程度在年度分布上以U型形态同步发展，政策执行效力较大的同时政策波动性也较强；自主创新政策协同演变选取政策目标、措施和基础来展开探讨，现阶段自主创新目标从外力激励创新演变为自主研发创新，自主创新政策呈现多元举措均衡使用，注重平衡多种政策基础，并且政策目标、措施与基础三者之间有效协同与紧密整合，在两两协同中政策措施和基础建设都与政策目标达到良好的一致性与协同性。

第五，以内容分析方法从政策引用角度来挖掘自主创新的政策关联网络与理念传递方式。基于自主创新政策关联网络分析，寻找到自主创新政策领域的核心政策如《国家中长期科学和技术发展规划纲要（2006—2020年)》《国务院关于印发实施〈国家中长期科学和技术发展规划纲要（2006—2020年)〉若干配套政策的通知》等，挖掘出围绕其而衍生出的关联网络与引用模式，即两个星型网络、一个延伸星型网络、一个雪花型网络、一个双（多）子型网络。

第六，以社会网络分析方法从合作发文角度来探究自主创新政策的府际关系与合作模式。基于自主创新政策府际关系分析，探寻政府机构在自主创新政策制定与执行过程中的合作关系和互动模式，即存在 13 个核心发文机构，拥有"鱼形"特征的政策合作网络，具有较高中心性的政府机构如科技部、财政部、教育部、国家发展改革委、国资委、人力资源和社会保障部等，具有明显结构洞的政府机构如科技部、财政部、国资委、教育部等。

对自主创新政策展开了一系列研究，期望从立体特征、执行过程和关联网络上呈现自主创新政策的关注焦点、执行效果和辐射范围。无论是政策样本的有限性还是研究方法的选择性上仍存在有待改进之处，未来将在政策样本覆盖性、研究方法规范性和研究结论说服力上进行不断完善并开展持续研究。

om
第二章

区域自主创新源自遗传性基因抑或习得性努力

第一节 引言

从党的十八大明确提出实施创新驱动发展战略到《国家创新驱动发展战略纲要》的发布,如何实现创新驱动发展已是学术界和实践派所共同关注的热点问题。创新驱动发展是通过引入知识、技术等要素突破资源要素瓶颈,整合与盘活各类创新资源,来实现传统经济发展动力的优化与升级(王海燕、郑秀梅,2017)。① 《国家创新驱动发展战略纲要》指出,实现创新驱动是一个系统性变革,要坚持科技创新和体制机制创新双轮驱动。创新驱动发展战略不仅聚焦创新对经济增长和社会发展的作用机制,而且强调创新的实现源泉和提升动力。现今,创新尤其是自主创新业已成为区域乃至国家攫取竞争优势的关键要素,而驱动创新的影响因素有哪些?区域自主创新能力的来源是什么?

迈克尔·波特界定了判断经济体是否实现创新驱动发展的明确标准,即经济体是否形成完整的钻石体系,体系内各关键要素是否明显交互,钻

---

① 王海燕,郑秀梅. 创新驱动发展的理论基础、内涵与评价 [J]. 中国软科学,2017 (1): 41-49.

石体系由相互牵动和互相强化的关键要素和附加要素构成，关键要素包括生产要素、需求条件、相关产业与支持性产业、企业要素，附加要素包括机会和政府（王海燕、郑秀梅，2017）。因此，在创新驱动发展战略背景下，探究驱动创新的影响因素需要以经济体为对象，整合其钻石体系中的关键要素和附加要素。以区域为对象挖掘其自主创新的驱动力量，区域自主创新成效与区位性要素关联和匹配，不同区域因所处区位不同而拥有差异的资源禀赋状态和不同的技术发展过程，静态性的资源禀赋状况呈现区域资源的"先天"区位特性，动态性的技术发展过程展现区域资源的"后天"流动特点，而象征遗传基因的资源禀赋和代表基因进化的技术特征是钻石体系中关键要素的典型代表，代表习得性努力的政府力量是钻石体系中附加要素的形象表征。

新古典增长理论为区位要素解释创新效果和经济效率提供理论支撑，新经济增长理论为能动资源影响自主创新和经济增长提供分析框架。然而，中国作为一个劳动力要素充足和重视自主创新的发展中国家，如何有效利用自主创新来提升生产率是需要长期面对的重要问题。中国地大物博、幅员辽阔，不同区域继承了差异化的要素禀赋，其沉淀状态能否影响自主创新？不同区域采取了特色化的政府行为，其动态行动是否影响自主创新？而内在禀赋和外在力量又将通过何种途径和机理对我国区域自主创新产生影响？创新驱动发展的理论基础为遗传基因和后天努力作用于自主创新提供了研究视角，整合资源禀赋与政府力量的研究框架刚好契合创新驱动发展战略中科技创新和体制机制创新双轮驱动的基本要求。

以中国30个省区2006—2013年面板数据为基础，从省区现有资源禀赋状态出发，深入剖析其对区域自主创新能力的影响机制，并且关注政府驱动创新力量在其中发挥的作用。研究发现：①区域资本禀赋经由技术状态作用于自主创新能力，区域技术特征具有显著的中介效应。②在区位资本禀赋驱动自主创新之际，政府治理体系发挥重要的调节作用。本研究从三个方面对现有研究进行拓展：①在中国情境下构建区域自主创新能力形成机制的整合模型，将研究视角拓展为关注遗传性区位特征对自主创新能力的影响机理。②聚焦我国政府驱动创新行为，将其引入区域自主创新模型的分析框架，剖析地方政府治理体系所具有的重要作用。③同时将我国不同区域的内在禀赋和外在影响纳入理论模型之中，全面探究我国区域自主创新的双轮驱动机制。

第二节 理论分析与研究假设

一、区域自主创新的遗传性基因——协同资本

1995年世界银行将自然资本、生产资本、人力资本和社会资本设定为"扩展的财富"，以此作为衡量全球或区域发展的新指标。人力资本、社会资本和智力资本是区域所拥有的协同资本，是审视区域发展与创新的重要指标。

大量研究证实人力资本对我国经济增长具有较强正向促进作用（王金营，2002[①]；邹薇等，2003[②]；刘智勇等，2008[③]；詹新宇，2012[④]）且促进方式多样，其中一种重要途径是以创新为中介来间接作用经济发展，即人力资本能够有效促进区域创新。但也有学者认为我国人力资本的经济增

[①] 王金营. 中国经济增长与综合要素生产率和人力资本需求 [J]. 中国人口科学，2002（2）：13-19.

[②] 邹薇，代谦. 技术模仿、人力资本积累与经济赶超 [J]. 中国社会科学，2003（5）：26-38.

[③] 刘智勇，胡永远，易先忠. 异质型人力资本对经济增长的作用机制检验 [J]. 数量经济技术经济研究，2008（4）：86-96.

[④] 詹新宇. 市场化、人力资本与经济增长效应——来自中国省际面板数据的证据[J]. 中国软科学，2012（8）：166-177.

长效应并不明显（于凌云，2008①；陈灿平，2009②），这就为我国区域人力资本与自主创新之间的关系蒙上了一层迷雾。

社会资本即通过协调的行动来提高社会效率的信任、规范和网络（张维迎、柯荣住，2002③），能够带来经济繁荣（Helliwell and Putnam, 1995④），社会资本尤其是信任度对地区经济发展的影响在中国情境下已获充分验证（张维迎、柯荣住，2002⑤）。社会资本通过人际信任为人际合作、群际互动和区域协同搭建有效渠道（戴亦一等，2014⑥），为提升区域自主创新能力奠定基础，即社会资本越高，信任感越强，自主创新效果越好。

智力资本是智力和知识相互融合而带来效益的资本，是区域运用知识与技能以创造价值和提升竞争力的能力（陈钰芬，2006⑦）。智力资本是区域对知识运用和加以创造的能力，是区域所拥有的组合起来的有用知识，在一定程度上能够成为区域自主创新的知识支撑和技术支持。由此提出假设 H_1：区域人力资本、社会资本、智力资本对区域自主创新能力具有正向影响。

二、来自科技创新的驱动——技术特征

适宜技术理论认为技术升级受制于地区特定的要素禀赋，即资源要

---

① 于凌云. 教育投入比与地区经济增长差异 [J]. 经济研究，2008（10）：131-143.
② 陈灿平. 我国人力资本存量与经济增长关系的实证研究 [J]. 西南民族大学学报（人文社科版），2009（8）：218-221.
③ 张维迎，柯荣住. 信任及其解释：来自中国的跨省调查分析 [J]. 经济研究，2002（10）：59-70.
④ Helliwell, J, Putnam, R. Economic growth and social capital in Italy [J]. Eastern Economic Journal, 1995, 21: 295-311.
⑤ 张维迎，柯荣住. 信任及其解释：来自中国的跨省调查分析 [J]. 经济研究，2002（10）：59-70.
⑥ 戴亦一，潘越，刘新宇. 社会资本、政治关系与我国私募股权基金投融资行为 [J]. 南开管理评论，2014（4）：88-97.
⑦ 陈钰芬. 区域智力资本测度指标体系的构建 [J]. 统计研究，2006（2）：24—29.

素、资本要素、劳动力要素、技术基础等因素，作为区域要素特征的协同资本是影响技术升级和自主创新的重要因素。而地区技术升级是合理的技术结构、恰当的技术匹配和适合的进步路径相互作用的结果，地区对高等技术和低等技术的选择与使用，对先进技术与技术基础的匹配与融合，对自身技术的提升与改进将决定地区技术选择效果。

经济体的技术结构取决于对高等技术和低等技术的研发投入比（汪曲，2012[①]），而技术结构是否合理关键在于将这一研发投入比与其技术承载力相比较，考量技术结构与其技术禀赋间的协调性。技术结构与自主创新之间存在一个动态循环过程，技术结构合理将激发自主创新和提升经济效率（陈菲琼、王寅，2010[②]），而这一影响将会反过来作用其技术结构的选择。衡量区域技术结构合理程度和影响技术结构有效选择的关键指标是地区技术承载力，即地区所拥有的人力资本水平、社会信任程度和知识运用能力将决定其对技术的积淀承载和选择动机。

地区提高生产效率的过程是一个技术选择与自主创新的权衡博弈过程，地区适宜的技术匹配度将会带来良性循环，即提升先进技术模仿、吸收、消化和利用能力，激发自主创新潜能和促进区域生产率增长（余典范、干春晖，2009[③]）。而地区自主创新能力和生产效率上的改变将会传递到技术匹配上，存在一个循环反馈路径。林毅夫等认为只有遵循比较优势法则选择与禀赋要素资源相匹配的适宜技术，才能发挥技术对生产率的应有效用[④]，而地区技术基础和资源禀赋则来源于彰显其要素特征的协同资本。

[①] 汪曲. 技术结构视角下吸收能力与知识溢出效应——基于中国省际1995—2009年面板数据的经验研究 [J]. 经济管理, 2012 (9): 12-24.

[②] 陈菲琼, 王寅. 效率视角下技术结构调整与经济发展方式转变 [J]. 数量经济技术经济研究, 2010 (2): 104-117.

[③] 余典范, 干春晖. 适宜技术、制度与产业绩效——基于中国制造业的实证检验 [J]. 中国工业经济, 2009 (10): 47-57.

[④] 林毅夫. 发展战略、自生能力和经济收敛 [J]. 经济学（季刊）, 2002 (2): 269-300.

作为发展中国家的中国，既可以通过自主创新来实现技术进步，也可以通过引进技术实现技术升级，由于技术具有沉默性和环境敏感性，中国以及各省区的技术进步之路尤为复杂。技术引进消化吸收再创新是我国技术进步的重要途径，技术进步与技术创新以及创新绩效之间存在明显关联（吴晓波，1995[①]；朱平芳、李磊，2006[②]；邹薇、代谦，2003）。李光泗和沈坤荣（2013）研究发现，技术能力对技术进步路径选择产生显著影响，尤其体现在技术投入能力、技术创新条件、技术知识积累等方面[③]。地区人力资本、社会资本、智力资本作为地区重要的技术基础，展现了地区所累积的技术知识和所具备的创新条件，将对地区技术进步路径选择发挥重要作用。此外，研究证实技术能力和技术进步路径对创新绩效产生正向影响，建议不断优化技术进步路径，关注技术进步累积效应，最终实现技术引进向自主创新转型。由此提出假设 H_2：技术特征（技术结构、技术匹配、技术进步路径）在地区协同资本（人力资本、社会资本、智力资本）与自主创新能力间起中介作用。

三、来自体制机制的驱动——治理体制

地方政府行为是构成中国经济波动的主要力量（李斌、王小龙，2006[④]），其中有大约30%的经济波动来源于地方政府冲击，而这一冲击展现出明显的跨时差异和地域差异（李猛、沈坤荣，2010[⑤]）。周黎安

[①] 吴晓波. 二次创新的周期与企业组织学习模式 [J]. 管理世界，1995（3）：168 – 172.

[②] 朱平芳，李磊. 两种技术引进方式的直接效应研究——上海市大中型工业企业的微观实证 [J]. 经济研究，2006（3）：90 – 102.

[③] 李光泗，沈坤荣. 技术能力、技术进步路径与创新绩效研究 [J]. 科研管理，2013（3）：1 – 6.

[④] 李斌，王小龙. 体制转轨、经济周期与宏观经济运行 [M] // 刘树成. 中国经济周期研究报告. 北京：社会科学文献出版社，2006.

[⑤] 李猛，沈坤荣. 地方政府行为对中国经济波动的影响 [J]. 经济研究，2010（12）：35 – 47.

(2008)提出,中国地方政府治理体制基于四个基本要素,即行政逐级发包、属地管理、财政分成和官员晋升竞争,形成"纵向发包"与"横向竞争"的统一[①]。地方政府在横纵交错的条块治理结构下,可能会利用权力腐败和产生寻租行为,这将扭曲区域资源的有效配置,制约自主创新的扩散效应,降低社会总体效益。

基于地方政府治理体制框架,首先,将财政分权划分为财政支出分权和财政收入分权,沈坤荣等(2005)的研究发现财政分权意味着财政权力下移,地方政府将拥有更加自主的权力和能动力量,推动其资源优化配置和发展目标实现,对我国地区经济增长有明显促进作用,预期这一作用延伸到区域自主创新能力上[②]。其次,将行政逐级发包维度以政府规模和腐败程度来表示。行政逐级发包将带来政府分权化变革,而分权将导致政府规模的改变和腐败行为的滋生。逐级下放的权力致使地方官员权力涉猎范围更广,在制度规范约束力缺失背景下,腐败予以产生,而腐败带来的负面示范效应更会影响地区政治风气(周黎安、陶婧,2009[③]),预期地方政府规模和腐败程度将对自主创新和经济发展产生重要影响。

然后,将属地管理维度以地区制度环境——市场化、法制化、经营环境和行政垄断程度表示。中国不同地区在制度环境上存在明显差异(樊纲等,2007[④];罗炜、饶品贵,2010[⑤]),企业所在省份的制度环境越好,其

[①] 周黎安.转型中的地方政府:官员激励与治理[M].上海:上海人民出版社,2008.
[②] 沈坤荣,付文林.中国的财政分权制度与地区经济增长[J].管理世界,2005(1):31-39.
[③] 周黎安,陶婧.政府规模、市场化与地区腐败问题研究[J].经济研究,2009(1):57-69.
[④] 樊纲,王小鲁,朱恒鹏.中国市场化指数——各地区市场化相对进程2006年报告[M].北京:经济科学出版社,2007:9-10.
[⑤] 罗炜,饶品贵.盈余质量、制度环境与投行变更[J].管理世界,2010(3):140-149.

研发支出水平越高（李诗田、邱伟年，2015①）。地区行政性垄断是地方政府运用行政力量限制或排斥市场竞争的行为，以及由此造成的市场非整合状态（金碚，2005②），这会阻碍要素自由流动、削弱资源配置效率、导致市场无序竞争（于良春、余东华，2009③），预期地区制度环境将对其自主创新能力产生复杂影响。

最后，将官员晋升竞争维度以官员特征——地方官员创新精神、政治晋升、政治权力转移、政策不稳定性表示。在中国行政体制下，地方官员对地区经济发展具有巨大的影响力和控制力（顾元媛、沈坤荣，2012④）。张尔升（2010）认为市场经济体制下具有企业背景的地方官员能够促进地区经济增长⑤。地方官员创新精神对当地的创新投入产出具有显著的促进作用（顾元媛、沈坤荣，2012），预期官员创新精神能够有效改善地区自主创新能力。在中国经济转型时期具有一种显著的制度特征，即"政治锦标赛"，在促使经济飞速发展的同时也会产生扭曲性"后遗症"。研究发现官员腐败、财税激励和政治晋升激励显著影响地方政府行为（李猛、沈坤荣，2010），预期政治晋升激励对地区自主创新能力产生显著影响。在中国特殊的政治体制下，中国省级官员更替及任期长度对辖区经济增长具有负面影响（王贤彬、徐现祥，2008⑥；张军、高远，2007⑦），预期政治权

---

① 李诗田，邱伟年．政治关联、制度环境与企业研发支出［J］．科研管理，2015(4)：56-64．
② 金碚．竞争秩序与竞争政策［M］．北京：社会科学文献出版社，2005．
③ 于良春，余东华．中国地区性行政垄断程度的测度研究［J］．经济研究，2009(2)：119-131．
④ 顾元媛，沈坤荣．地方官员创新精神与地区创新——基于长三角珠三角地级市的经验证据［J］．金融研究，2012(11)：89-102．
⑤ 张尔升．地方官员的企业背景与经济增长——来自中国省委书记、省长的证据［J］．中国工业经济，2010(3)：129-138．
⑥ 王贤彬，徐现祥．地方官员来源、去向、任期与经济增长——来自中国省长省委书记的证据［J］．管理世界，2008(3)：16-26．
⑦ 张军，高远．官员任期、异地交流与经济增长——来自省级经验的证据［J］．经济研究，2007(11)：91-103．

力转移将制约地区自主创新能力的提升和经济长期的发展。政策不稳定性对经济增长具有明显的抑制作用，主要源于对政策连续性和稳定性的破坏、对市场信息质量的贬低、对资本市场风险的提高（罗党论、佘国满，2015[①]），这些因素同样会对地区自主创新能力产生负面影响。由此提出假设 H_3：地方政府治理体制（财政分权、官员特征、腐败程度、制度环境）在协同资本、技术特征和自主创新能力之间发挥有中介调节效应和有调节中介效应。

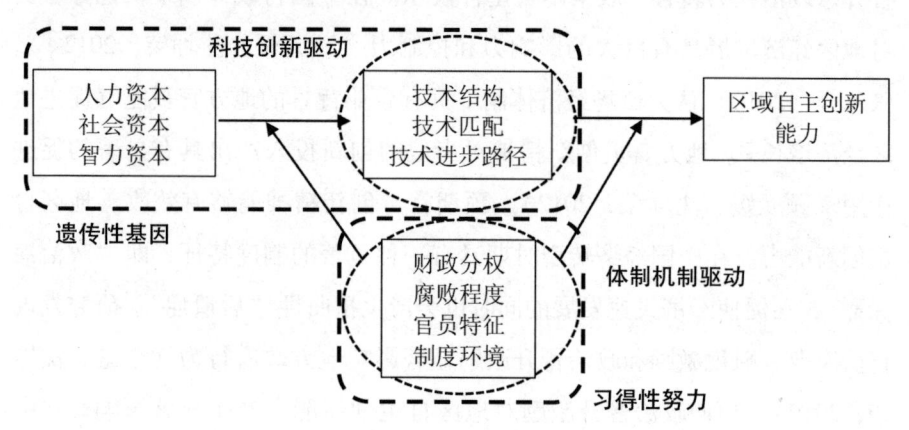

图 2-1　区域自主创新能力源泉理论模型

第三节　研究设计

一、样本选择与数据来源

参照王元地（2013）的研究，中国自主创新是以 2006 年 2 月 9 日国务

[①] 罗党论，佘国满．地方官员变更与地方债发行［J］．经济研究，2015（6）：131-146．

院正式公布《国家中长期科学和技术发展规划纲要（2006—2020年）》为启动标志①，将研究样本数据年份设定为2006—2013年。考虑到数据可获取性和研究全面性，将研究样本数据覆盖区域设定为中国除西藏、香港、澳门和台湾之外其余30个省、自治区、直辖市。研究所用数据均来自历年《中国统计年鉴》《中国科技统计年鉴》《中国对外经济统计年鉴》《中国商务年鉴》《中国劳动统计年鉴》，以及各省人民政府及相关部门官方门户网站等。研究中涉及的地方官员资料来源于《中华人民共和国职官志》、中国经济网"地方党政领导人物库"、中国共产党新闻网"中国党政领导干部资料库"、人民网和新华网公布的干部简历，辅之以百度、政府门户网站等，对官员背景信息进行广泛搜索与手动整理。

二、变量定义与测量

（一）协同资本

1. 人力资本

按照李谷成（2009）的方法以教育变量来度量，假设一个省区内劳动力平均受教育 E_i 年，该地区人力资本即为：$H_i = e^{\varphi(E_i)}$，$\varphi(E_i)$ 指受过 E_i 年正规教育的劳动力所具有的生产效率，按照我国教育体制特点划分劳动力平均受教育程度及年限。

2. 社会资本

参照戴亦一等（2014）的方法，将张维迎等（2002）的省区信任指数作为权重，与《2003—2011年中国慈善发展指数报告》中各省慈善组织指数进行加权处理②。

3. 智力资本

采用陈钰芬（2006）开发的中国区域智力资本测度指标体系，对中国

---

① 王元地. 中国自主创新政策评价研究［M］. 北京：经济管理出版社，2013：10.
② 戴亦一，潘越，刘新宇. 社会资本、政治关系与我国私募股权基金投融资行为［J］. 南开管理评论，2014（4）：88-97.

30个省区8年数据以SPSS软件进行主成分分析,并以第一主成分作为智力资本的综合评价指标。

(二) 自主创新能力

徐林明等(2014)利用基于方法集化的动态组合评价方法测算2001—2012年中国31个省、市、自治区的自主创新能力[①]。本研究将沿用其研究成果,利用规范统计分析方法补充2013年相关数据。结果显示,2006—2013年间,东部地区普遍拥有较高自主创新能力,尤其是广东、江苏、北京、上海、山东、浙江等地区自主创新水平较高且稳定;接下来是中部地区和东北地区,较低于全国平均水平且呈现不稳定的跳跃态势;最后是西部地区,远低于全国平均水平且尚未显现明显增长趋势。

(三) 技术特征

1. 技术结构

参照中国经济研究中心发展战略组(2002、2004)提出的技术选择指数(TCI),$TCI = \dfrac{K_i/L_i}{K/L}$,$K_i/L_i$表示$i$省实际资本劳动比率,$K/L$表示全国实际资本劳动比率。

2. 技术匹配

借鉴余典范等(2009)的思想,用区域技术选择与劳动力结构的匹配程度来度量,$MI_i = \dfrac{K_i/R_i}{H_i/L_i}$,$K_i$为$i$地区国有企业固定资本存量,$R_i$为$i$地区国有企业从业人员数,$H_i$为$i$地区高技能人才,$L_i$为$i$地区低技能人才。

3. 技术进步路径

参照李光泗等(2013)的方法,将技术进步划分为技术引进、消化吸收、技术改造、国内技术购买、国内自主研发五种路径,每种路径变量由该路径支出与新产品销售收入之比表示。

[①] 徐林明,孙秋碧,李美娟. 基于方法集化的区域自主创新实力动态组合评价研究 [J]. 福州大学学报(哲学社会科学版),2014 (6):31 - 39.

(四) 地方政府治理体制

1. 财政分权

参照顾元媛等（2012）的方法，将财政分权度区分为财政支出分权和财政收入分权，财政支出分权用地区预算内支出占全国预算内总支出比重表示，财政收入分权用地区预算内收入占全国预算内总收入比重衡量[①]。

2. 腐败程度

遵循方红生等（2014）的做法，以各地区人民检察院每年立案侦查的贪污贿赂、渎职案件的涉案人数占当地公职人员数的比例来度量。因统计口径变动，2006—2008年公职人员数以财政供养人员数表示，2009—2013年公职人员数以公共组织就业人员数表示。此外需要关注地方政府规模的影响，地方政府规模以各地区财政供养人员与地区总人口的比值来测量[②]。

3. 官员特征

第一，官员创新精神。借鉴魏下海等（2013）的做法，地方官员以地区省委书记和省长表示，用两种方法度量地方官员创新程度，其一，定义创新精神指数。地方官员在企业中担任过党委书记或一把手赋值3，在企业中担任过中层管理者或副手赋值2，在企业中有过任职经历赋值1，不是以上几种情况赋值0。其二，确定创新精神强度。若官员创新精神指数大于全样本均值，则为强创新精神，赋值为1；若官员创新精神指数小于全样本均值，则为弱创新精神，赋值为0。[③] 第二，官员政治晋升。参照曹春方（2013）以省区党委书记代表官员样本，将所有地方官员变更情形分为三大类，晋升、离职、平级，地方官员职位变更去向属于如下情形视为晋升：①更高级别的重要政府职位（包括从副职到正职，从地方到中央）；

[①] 顾元媛, 沈坤荣. 地方政府行为与企业研发投入——基于中国省际面板数据的实证分析 [J]. 中国工业经济, 2012 (10): 77-88.

[②] 方红生, 张军. 财政集权的激励效应再评估: 攫取之手还是援助之手？ [J]. 管理世界, 2014 (2): 21-31.

[③] 魏下海, 董志强, 刘愿. 政治关系、制度环境与劳动收入份额——基于全国民营企业调查数据的实证研究 [J]. 管理世界, 2013 (5): 35-46.

②小单位正职领导（为晋升而准备的职位转换）；③更高级别辖区党委书记。离职包含降职、退休和涉案受审等，其中降职情形包含相比之前更低的职位任职。平级包含调往同级机构任职，保持职位不变等情形。因此，将政治晋升赋值为1，将平级调动和任现职设为0，将离职和降职设为-1。第三，地方政治权力转移。参考曹春方（2013）的方法，以地方省委书记更替数据表示，对省委书记在一年中1—6月离任的，将该省份当年记为更替年份，赋值为1；对省委书记在一年中7—12月离任的，将该省份下一年记为更替年份，赋值为1，如按此划分时间段内发生多次更替，计为一次。① 第四，地方政策不稳定性。借鉴杨海生等（2014）的方法，以地区每年发生职位变更的省长和省委书记总人数除以全国省长和省委书记的职位变动总数，得到地方官员变更比率。②

4. 制度环境

参考李诗田等（2015）的思路，将制度环境划分为市场化程度、法制化程度、经营环境和行政垄断程度。市场化程度来源于樊纲等编制的各省份市场化指数总体评分，法制化程度来源于樊纲等编制的各省份市场中介组织的发育和法律制度环境指数评分，经营环境指数来源于王小鲁等编制的各省企业经营环境指数总体评分，行政垄断程度来源于于良春等测算行政垄断指数得分。③

三、实证检验

鉴于研究样本是面板数据，在回归分析之前进行如下检验工作：首先，为了防止出现伪回归，对研究中涉及的各个变量进行单位根检验，结

---

① 曹春方. 政治权力转移与公司投资：中国的逻辑 [J]. 管理世界, 2013 (1): 143-156.
② 杨海生，陈少凌，罗党论，佘国满. 政策不稳定性与经济增长——来自中国地方官员变更的经验证据 [J]. 管理世界, 2014 (9): 13-28.
③ 李诗田，邱伟年. 政治关联、制度环境与企业研发支出 [J]. 科研管理, 2015 (4): 56-64.

果表示模型中涉及变量均是单整的。其次，对变量进行协整检验，结果表明各系统均存在协整关系（系统1为协同资本与自主创新能力协整，系统2为协同资本、技术特征与自主创新能力协整）。最后，确定回归分析模型的时间维度上均选择固定效应。构建以协同资本为自变量、自主创新能力为因变量，技术特征为中介变量，地方政府治理体系为调节变量的实证模型，采用温忠麟等（2006）的方法检验有中介调节效应和有调节中介效应。

第四节 实证结果

一、来自政府分权的创新驱动

（一）政府分权的前置驱动——引发科技创新

1. 政府分权——两级化的调节互补

在控制政府分权度单独影响的基础上，政府分权度显著调节人力资本、社会资本、智力资本对自主创新能力所产生的影响。财政收入分权度对人力资本、社会资本与自主创新能力之间产生负向调节，对智力资本与自主创新能力之间产生正向调节，财政支出分权度的调节方向刚好与之相反，这表明财政分权改革影响下地方政府管理行为对地区自主创新能力产生复杂影响。财政分权化改革打破中央集权式的财政管理模式，增强地方能动性自主管理程度，然而地方政府在职能定位（支出责任）与财力保障（收入责任）之间的错位与不对称，导致地方政府可能产生角色冲突和行为扭曲，这为地方政府财政收入分权和支出分权对区域自主创新能力拥有不同影响提供合理解释。在以经济绩效作为地方政府发展效能和行政能力衡量标准的背景下，地方政府在实现地区经济增长目标的驱动下展开标尺竞争，倾向于将财政收入投入能够带来经济效益的建设领域，尤其关注能够在当今经济发展领域为其获取核心竞争力的人力资本建设和社会资本营造，而非成效缓慢且滞后的智力资本准备上；与此同时，地方政府在公共资源配置上的职责与责任促使其在具有竞争关系的公共资源项目之间尽量实现平衡，因此地方政府在财政收入分权上将注意力投向智力资本，从具有实体性的智力资本处获取收入保障，以支持人力资本和社会资本的建设。

2. 政府分权借助技术选择的创新驱动

当考量技术结构和技术匹配的中介效应时，首先，人力资本、社会资本和智力资本对区域自主创新能力发挥积极作用，人力资本和社会资本完全经由技术结构和技术匹配作用于自主创新能力，技术选择对智力资本与自主创新能力具有部分中介作用，这表明区域自主创新能力的积累离不开对人力资本的建设、社会资本的关注和智力资本的构建。其次，在控制政府分权度调节效应的影响下，技术结构和技术匹配在协同资本与自主创新能力之间发挥消极的中介作用。当地区注重协同资本建设，其协同资本所隐含的创新潜能和技术水平得到大大提升，但同时又忽视在财政分权度上的平衡与管控，这一定程度上影响原本的技术选择适宜度，在技术选择实现再次平衡之前，协同资本对自主创新能力的积极作用能够弥补技术选择失衡的消极影响。最后，在纳入技术选择的中介效应后，政府财政收入分权和支出分权仍然发挥不一样的调节作用，其调节方式是一部分对自主创新能力产生直接影响，一部分借助技术选择的中介作用产生间接影响。

3. 政府分权经由技术进步的创新驱动

当考量技术进步路径的中介效应时，首先，人力资本对区域自主创新能力产生负向影响，仅能借助技术进步传递其影响力，社会资本和智力资本既能独立直接作用于区域自主创新，又能通过技术进步产生间接影响。对技术进步路径的选择与权衡，增强了区域与外界的互动与交流，使得彰显信任互惠的社会资本和承担基础支撑的智力资本能够促进自主创新能力提升。其次，在控制政府分权度调节效应的影响下，技术进步路径在协同资本与自主创新能力之间发挥中介作用，当地区改善了协同资本水平，无疑增强了地区对先进技术的消化吸收能力和实现了基于技术购买而得到的技术改进，这些将促使地区从先进技术中吸收学习，从技术进步中实现自主创新。最后，在纳入技术进步的中介效应后，财政收入分权和支出分权发挥复杂且差异化的调节作用，其调节作用部分经由技术进步路径的不同选择而影响到自主创新能力。财政收入分权度对人力资本、社会资本与区域自主创新之间起负向调节作用，对智力资本与区域自主创新之间起正向调节作用，财政支出分权度则具有与之相反的调节效应。这是因为财政收入分权度将地方政府的关注引向智力资本，而忽视人力资本和社会资本的作用力；财政支出分权度将地方资源投向人力资本和社会资本，而削减智力资本的功效。

（二）政府分权的后置驱动——扩散创新影响

在检验政府分权度有调节的中介效应时发现，政府分权度在以技术进步路径为中介变量的模型中未通过统计上的显著性检验，而在以技术选择为中介变量的模型中具有显著的有调节中介效应。

控制政府分权度的前提下，技术结构和技术匹配在协同资本与自主创新能力之间发挥中介作用，技术匹配的作用通过了统计上显著性检验，协同资本一方面能够直接正向影响区域自主创新，另一方面通过技术选择的积极中介效应而发挥间接作用，区域协同资本水平的提升带来技术结构趋向合理以及技术匹配程度适宜，这将进一步扩散协同资本的积极功效。在此过程中，政府分权度通过调节技术选择而影响区域自主创新能力，财政收入分权负向调节技术结构与自主创新能力之间的关系，正向影响技术匹配与自主创新能力之间的关系，财政支出分权的调节方向刚好与之相反。这是因为财政收入分权使得地方政府能够通过财政收入来管控公共资源的均衡与配置，促使地区技术水平与技术基础之间平衡即技术匹配度，但无法帮助实现高级技术与低级技术之间平衡即技术结构合理度；而财政支出分权促使地方政府通过转移支付更加关注高级技术的积极效用而实现合理技术结构，却无法快速弥补技术水平与技术基础之间的差距而改善适宜技术匹配。

综上所述,政府分权度在协同资本、技术选择与自主创新能力之间发挥有中介的调节和有调节的中介效应。在两种不同效应模型中,存在一个有趣现象,政府分权度调节协同资本功效时,技术结构和技术匹配将此调节作用负向传递至自主创新能力上,在政府分权度调节技术结构和技术匹配功能时,技术结构和技术匹配原本正向中介的机制却发生了改变,技术匹配中介机制由正向转为负向。这表明在地区人力资本、社会资本和智力资本构建自主创新能力的过程中,政府管理行为借助政府分权度改变地区原有的技术结构和技术匹配,平衡状态和习惯模式的打破将带来一定波动和改变。当地区技术结构和技术匹配影响区域自主创新,政府分权程度将调整地区技术匹配程度,这一变化将暂时削减其积极功效。

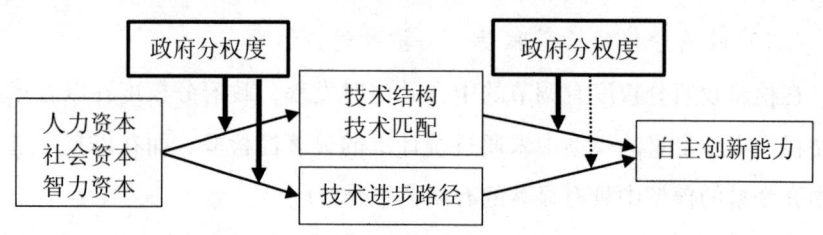

图 2-2 政府分权视角假设检验结果

表 2-1 政府分权度视角下有中介的调节效应检验(技术选择)

	第1步	第2步	第2步	第3步
因变量	自主创新能力	技术结构	技术匹配	自主创新能力
C	0.819***	1.239	9.252***	0.704***
人力资本	-0.007	0.065	-1.308**	0.013
社会资本	0.036**	-0.712***	0.203	0.023
智力资本	0.014**	0.066***	-0.183***	0.018***
财政收入分权	24.594***	128.910***	-157.692**	28.684***
财政支出分权	-25.232**	-104.981***	203.106*	-29.631***

续表

	第1步	第2步	第2步	第3步
因变量	自主创新能力	技术结构	技术匹配	自主创新能力
技术结构				-0.014
技术匹配				-0.014**
收入分权*人力	-5.325***	-32.647***	55.714***	-6.586***
支出分权*人力	6.372**	28.447**	-74.352**	7.841***
收入分权*社会	-1.831***	9.051***	-5.484	-1.625**
支出分权*社会	2.596***	3.039	2.042	2.609***
收入分权*智力	0.474**	-3.288***	0.602	0.419**
支出分权*智力	-0.492*	3.027***	3.018	-0.492*
R^2	0.995	0.947	0.943	0.995
F统计量	762.523***	73.011***	66.938***	750.339***
Hausman	35.729***	93.975***	34.279***	31.156***
模型选择	FE/FE	FE/FE	FE/FE	FE/FE

资料来源：本研究整理。*、* *、* * *表示通过了10%、5%和1%水平上的显著性检验，拒绝原假设。

表2-2 政府分权度视角下有中介的调节效应检验（技术进步）

因变量	第1步 自主创新能力	第2步 进步路径1	第2步 进步路径2	第2步 进步路径3	第2步 进步路径4	第2步 进步路径5	第3步 自主创新能力
C	0.819***	-0.014	0.030	0.163	-0.009	0.025	0.859***
人力资本	-0.007	0.007	-0.007*	-0.013	0.002	0.006	-0.011
社会资本	0.036**	0.001	0.002*	0.005	0.001	-0.025	0.028*
智力资本	0.014**	-0.001	-0.0004	0.0004	-0.001*	0.007	0.015***
财政收入分权	24.597***		0.081	-4.349	-0.397	-14.961	24.886***
财政支出分权	-25.232**		-1.142	7.267	0.397	27.614	-22.974**
进步路径1							-0.091
进步路径2							1.789***

57

续表

因变量	第1步 自主创新能力	第2步 进步路径1	第2步 进步路径2	第2步 进步路径3	第2步 进步路径4	第2步 进步路径5	第3步 自主创新能力
进步路径3							-0.005
进步路径4							2.952***
进步路径5							-0.046
收入分权*人力	-5.325***	-0.134	-0.019	0.299	0.1387	2.287	-5.583***
支出分权*人力	6.372**	-0.049	0.294	-1.134	-0.107	-4.957	5.782**
收入分权*社会	-1.831***	-0.007	-0.040	-0.205	-0.024	-1.410	-1.757***
支出分权*社会	2.596***	0.019	0.015	0.273	0.019	2.240*	2.711***
收入分权*智力	0.475**	-0.015	0.020	0.221	0.008	0.586*	0.418**
支出分权*智力	-0.492*	0.044	-0.026	-0.293	-0.013	-0.880**	-0.376
R^2	0.995	0.136	0.119	0.275	0.117	0.553	0.996
F统计量	762.523***	1.939**	1.665**	4.656***	1.622*	5.056***	811.080***
Hausman	35.729***	6.726	15.556	10.668	5.521	24.086**	41.393***
模型选择	FE/FE	RE/FE	RE/FE	RE/FE	RE/FE	FE/FE	FE/FE

资料来源：本研究整理。技术进步路径1—5对应技术引进、消化吸收、技术改造、技术购买、自主研发。

表2-3 政府分权度视角下有调节的中介效应检验（技术选择）

因变量	第1步 自主创新能力	第2步 技术结构	第2步 技术匹配	第3步 自主创新能力	第4步 自主创新能力
C	0.671***	-0.939	10.798***	0.535***	0.383**
人力资本	0.037	0.269*	-1.712***	0.058*	0.071**
社会资本	0.014**	-0.102***	-0.003	0.015**	0.003
智力资本	0.016***	0.084***	-0.052	0.017***	0.007
财政收入分权	3.224*	23.580***	66.752***	2.309	5.882**
财政支出分权	1.465	12.710	-76.638***	2.414	1.567
技术结构				0.003	0.011
技术匹配				0.013*	-0.010

续表

因变量	第1步 自主创新能力	第2步 技术结构	第2步 技术匹配	第3步 自主创新能力	第4步 自主创新能力
收入分权*结构					-3.005**
支出分权*结构					4.393**
收入分权*匹配					0.935***
支出分权*匹配					-0.621
R^2	0.994	0.910	0.935	0.994	0.995
F统计量	786.621***	48.561***	69.731***	756.540***	740.813***
Hausman	47.260***	120.993***	29.720***	33.804***	61.593***
模型选择	FE/FE	FE/FE	FE/FE	FE/FE	FE/FE

资料来源：本研究整理。

二、来自反腐力度的创新驱动

（一）反腐力度的技术驱动缺位

实证检验发现反腐力度视角下仅存在有调节的中介效应，而有中介的调节效应未获统计验证，表明地方反腐力度和政府规模仅能通过影响协同资本对技术特征的改变过程而作用于远端的自主创新。这是因为反腐力度所肃清的官僚氛围和政府规模所代表的行政效率对人才培育、信任营造、环境建设和技术特征具有一定影响力，而作为创新引导者的政府未能直接主导自主创新，以反腐力度和规模大小所代表的政府特质也将不能显著影响区域自主创新。

（二）反腐力度的创新影响强劲

1. 整合反腐力度与技术选择的创新驱动

控制腐败程度和政府规模所带来的运作低效和管理成本后，协同资本一方面独立正向作用于区域自主创新，关键创新人才、和谐互惠社会、创新智力支撑都能明显促进区域自主创新能力的提升；另一方面通过技术选择的积极传导机制将正向影响传递到自主创新能力上，合理的技术结构促使区域均衡利用高级技术和低级技术，以最大化不同级别技术的效用，适宜的技术匹配促进区域依托技术基础选择合适技术，以充分发挥先进技术应有功效。基于此，区域方能有效利用所拥有的技术激发二次创新，实现其自主创新的最终目的。

当考虑反腐力度和政府规模的调节作用时，研究发现协同资本仍对区域自主创新产生显著的积极作用，技术选择仍旧在其中发挥中介作用，只是技术结构导致正向中介效应，技术匹配带来负向中介效应，此改变主要源于地区腐败会引致负面示范效应，导致官僚主义抬头，这将不利于自主创新的尝试，而反腐力度越大，区域法制环境越好，将越利于政府倾向于创新和放权式管理，在自主性和宽松化环境中创新主体更能均衡使用高级技术和低级技术，实现地区技术结构平衡，同时更易忽视自身技术禀赋而激进选择复杂技术，导致技术不相匹配，进而影响区域自主创新。此外，地区政府规模对技术选择与区域自主创新能力之间产生积极的调节效应，只是未通过统计上的检验。

2. 融合反腐力度与技术进步的创新驱动

控制腐败程度和政府规模的影响后，协同资本既可以独立积极作用于自主创新能力，又可以凭借技术进步的传递而产生影响，地区在技术进步路径上的不同选择将会导致其对自主创新发挥不同作用。对特定区域而言，选择消化吸收和技术购买所引致的技术进步将会对自主创新能力产生显著的正向影响，这是因为消化吸收与技术购买均能直接快速促使地区技术进步，进而改善自主创新能力。而如果选择技术引进、技术改造和自主研发的技术进步路径将会负向作用于自主创新能力，但不具统计显著性。

当在技术进步作用自主创新过程中引入反腐力度和政府规模，协同资本对区域自主创新能力的正向影响仍具统计显著性，技术进步在其中发挥部分中介作用。在地区反腐力度影响下，反腐力度正向调节技术引进、技术改造与区域自主创新能力之间的关系，区域反腐力度越大，创新氛围越好，能够从不同途径收获到更多的技术进步，进而放大技术引进与改造路径对自主创新能力的影响。同时，反腐力度负向调节消化吸收、技术购买和自主研发与自主创新能力之间的关系，区域反腐越深入和彻底，越倾向于放权化管理，对技术进步的关注与投入将聚焦于更加快速和简便的渠道，而忽视见效缓慢和成效滞后的三种技术进步路径，因此会削弱这三种路径对技术改进和创新能力提升的影响力。在地区政府规模影响下，规模大小正向调节技术引进、技术购买和研发与自主创新能力之间的关系，负向调节消化吸收、技术改造与自主创新能力之间的关系，这是因为当政府规模较大时对经济目标的追求和雄厚的经济实力驱使其偏好对技术引进、购买和研发的技术提升导向，同时会忽略对先进技术消化吸收和改造的创新过程管控，进而对区域自主创新能力产生不同影响。简言之，反腐力度和政府规模在协同资本、技术特征与自主创新能力之间发挥有调节的中介效应，既能调节技术选择对自主创新的影响过程，又能改变不同技术进步路径对自主创新的作用过程，即政府特质能够影响到区域技术状况和创新实力。检验结果见下图，虚线未获验证，因篇幅所限省略实证数据，如需请索取。

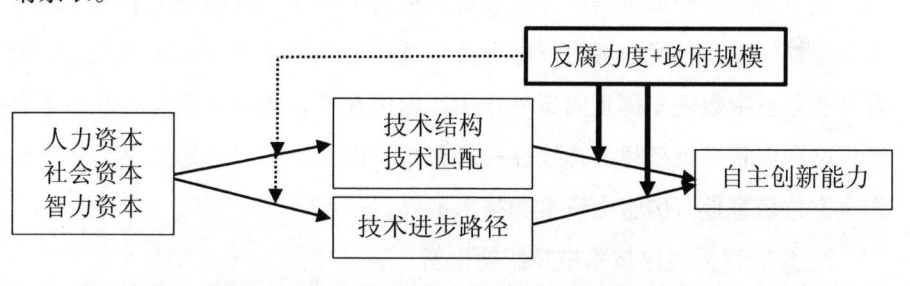

图2-3 腐败视角假设检验结果

三、来自政府官员的创新驱动

（一）政府官员的技术促进

1. 政府官员借助技术选择传导创新

当考量技术选择的中介效应时，控制官员特征独立影响之后，协同资本能够直接正向影响区域自主创新能力,丰富的关键人才、和谐的诚信社会和强大的知识运用实力有助于区域自主创新能力的积累与沉淀。与此同时还能改善地区技术结构合理程度和技术匹配程度,间接提高区域自主创新能力,而地方官员特征将调节这两者之间的关系。其中,地方政府权力转移、官员创新强度和政治晋升将对人力资本与技术选择之间产生负向调节作用,地方政策不稳定性、官员创新指数将发挥正向调节作用。这是因为,政治权力转移隐含着频繁的更替现象、创新强度意味着浓厚的创新意识、政治晋升体现着强烈的政治目标,这些使得地方政府更加关注具有直接经济价值的要素而非人力资本,进而抵减人力资本对自主创新能力的积极作用。政策不稳定性是官员更替程度的相对比较,在更高创新层次驱动下他们会更加关注对人力资本的长期建设和动态维护。地方政府权力转移和创新指数对社会资本与技术选择之间产生负向调节作用,政策不稳定性、创新强度、政治晋升则发挥正向调节作用。原因是地方政府官员的权力更替和企业背景将促使其更多地从经济性角度思考问题,而其相对更高的更替程度、更深厚的创新意识和更大可能的政治晋升又会促进他们从宏观层面出发构建和谐可信的社会和选择适宜的技术。政府权力转移、政策不稳定性、创新强度对智力资本与技术选择之间产生负向调节作用,政治晋升和创新指数则发挥正向调节作用。原因在于,地方官员更替和企业背景将削弱创新基础搭建的连续性和持久性,而政治晋升的愿望又会促使他们全方位培育地区的智力资本和技术基础。

2. 政府官员通过技术进步影响创新

当考量技术进步路径的中介效应时,控制官员特征影响后,协同资本一方面独立正向作用于区域自主创新,另一方面通过技术进步路径的选择间接影响自主创新能力,其中消化吸收和技术购买具有积极的中介作用,技术引进、改造和研发具有消极的中介作用,表明地区对不同技术进步路径的选择将带来不一样的效果。在人力资本借由技术进步路径作用于自主创新能力的过程中,地方政府权力转移和官员创新强度对两者之间的关系产生负向调节，政策不稳定性、政治晋升、创新指数则发挥正向调节作用。政府权力转移是官员更替时序频度的体现，创新强度是企业背景深入程度的体现，两者均会导致短视和急功近利的行为，进而削弱人力资本水平对技术进步的作用力度。政策不稳定性是官员更替程度比较的结果，创新指数是对企业背景状态的直观呈现，政治晋升是官员更替去向和效果的展现，这些都会激励官员为平衡短期利益与长期目标而采取全面性和宏观性的管理行为，进而强化人力资本与技术进步之间的关系。在社会资本通过技术进步路径作用于自主创新能力之时，地方政府权力转移、创新指数、政治晋升因其对经济行为的激励性而使其忽略社会资本建设，进而负向影响区域自主创新，而政策不稳定性和创新强度因其对长期目标的重视性而使其强化社会资本的积极作用。在智力资本经过技术进步作用于自主创新能力的过程中，地方政府权力转移、政策不稳定性和创新强度因其影响力上的间断性和创新意愿的比较性使其忽视智力资本积累，进而约束区域自主创新能力，而创新精神和政治晋升因其创新意识上的层次性和经济行为上的激励性使其扩散智力资本的积极效用。

（二）政府官员的创新激发

1. 政府官员与技术选择的交互影响

当考量技术选择的中介效应时，控制官员特征的影响后，协同资本既可以独立正向作用于区域自主创新，又可以通过技术选择的部分中介作用而正向影响自主创新能力，即协同资本的建设与积累将有助于区域自主创新，也会有利于提升区域技术结构合理度和技术匹配度，以此增进区域自主创新。在技术选择向区域自主创新传递积极影响的过程中，官员特征起到重要的调节作用，其中政治权力转移、政策不稳定性和创新强度将负向调节技术结构与自主创新之间的关系，创新指数和政治晋升将发挥正向调节作用。这是因为官员更替的较高频度与程度以及相对强烈的创新意识将促使地方政府关注经济性行为而会抵消合理技术结构所带来的积极效用，而政治晋升和创新意愿将驱使地方政府聚焦技术升级以实现自主创新和经济发展。政治权力转移、政策不稳定性、创新指数和政治晋升将负向调节技术匹配与自主创新之间的关系，创新强度将发挥正向调节作用。官员特征无一例外地均对技术匹配与自主创新之间的关系产生消极影响，这是因为政治权力转移和政策不稳定性导致政府管理行为上的不连续，政治晋升驱使政府追求经济行为，创新精神增强政府打破陈规的勇气，这些都将加剧技术投入与技术基础之间的不匹配，进而阻碍区域自主创新能力的发展。

2. 政府官员与技术进步的融合力量

当考量技术进步路径的中介效应时，控制官员特征前提下，协同资本既能独立对自主创新能力产生积极影响，又能通过技术进步路径而间接影响区域自主创新。而不同技术进步路径的选择将产生不同的中介效应，消化吸收和技术购买将发挥显著的正向中介作用，技术引进、改造和研发将发挥负向中介作用，只是不具统计显著性。在技术进步路径传导协同资本的积极作用时，官员特征发挥了重要的调节作用。其中，政策不稳定性和创新指数对技术引进与自主创新之间产生负向调节，政治权力转移、创新强度和政治晋升发挥正向调节作用，官员更替和创新精神的绝对状态无法激起其对技术引进的重视和引进中创新的关注，而官员变更和创新意愿的相对比较、政治晋升愿望的强烈程度将会促使积极引进技术和学习创新。政治权力转移、政策不稳定性和创新指数对消化吸收与自主创新之间产生负向调节，创新强度和政治晋升发挥正向调节作用，地区自身官员变动、政策间断和创新意愿无法引导对先进技术展开有效的消化吸收而二次创新，但创新意愿强烈程度和晋升愿望急切程度将会激发消化吸收的热情与行动。政策不稳定性、创新强度和政治晋升对技术改造与自主创新之间产生负向调节，政治权力转移和创新指数发挥正向调节作用，地方官员变更和创新绝对状态以及政治晋升愿望将削减对过程漫长且见效缓慢的技术改造选择动机，而更替和创新相对程度才会对其产生激励作用。创新指数和政治晋升对技术购买与自主创新之间产生负向调节，政治权力转移、政策不稳定性和创新强度发挥正向调节作用，官员更替情况和创新意愿强度将促使地区倾向于技术购买，而政治晋升强度和创新精神层次则促进见效快的技术直接被购买。创新强度对研发与自主创新之间产生负向调节，政治权力转移、政策不稳定性、创新指数和政治晋升发挥正向调节作用，官员特征能够有效激发地区对自主创新的关注与投入。由此可见，地区官员更替所带来的权力快速转移、管理不连续性和政策不稳定性，创新意识的强烈程度和政治晋升的愿望驱使将对不同技术进步路径产生不同影响，而即使选择同一种技术进步路径，官员拥有的不同特征也将对其产生强化或削弱的不同作用。在这一过程中，无论是官员更替还是创新精神，其绝对状态和相对比较对技术进步路径的选择产生不同影响，这在一定程度上揭示了地方技术升级和经济建设是一个区域内自主努力的过程，同时更是一个区域间互动竞赛的过程。检验结果见下图，因篇幅所限省略实证数据，如需请索取。

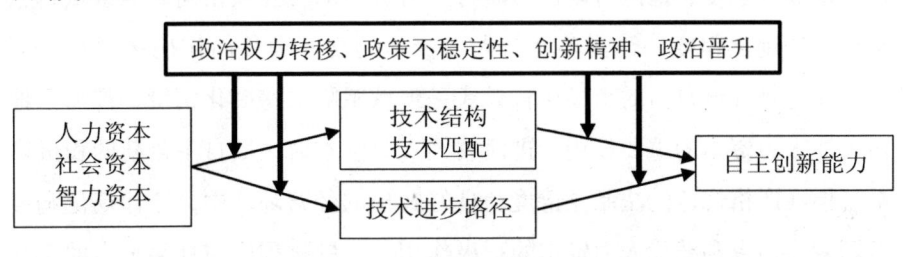

图 2-4 官员特征视角假设检验结果

四、来自制度环境的创新驱动

（一）制度环境的技术激励

1. 技术选择的制度传导

在以技术选择作为中介变量的模型中，社会资本和智力资本有两条影响区域自主创新能力的路径：一是社会资本直接正向作用于自主创新，智力资本直接负向影响自主创新能力；二是社会资本、智力资本经由技术选择而间接作用于自主创新能力。只是在考虑技术选择的影响后，智力资本对区域自主创新的单独作用从促进转变为阻碍，表明地区具有绝对优势的智力资本在考虑技术状况后其薄弱之处和相对劣势日益凸显。此外，人力资本仅能经由技术选择的传导间接激发区域自主创新。简言之，在控制地区制度环境的影响后，体现积累性和沉淀性的人力资本和社会资本仍然能够促进自主创新能力的提高，但体现互动性和开放性的智力资本却在一定程度上阻碍区域自主创新的发展。在协同资本影响区域自主创新能力的过程中，技术结构发挥负向中介作用，技术匹配发挥正向中介作用，这表明地区协同资本的开发与积累一方面将增强地区技术实力和技术基础，将提升其技术匹配程度，进而促进地区积极自主创新；另一方面将实现技术快速升级而导致技术结构上的暂时失衡，将阻碍地区自主创新发展。

在协同资本作用于技术选择的过程中，制度环境发挥关键的调节作用。市场化程度、地区行政性垄断与人力资本的交互项正向影响区域自主创新，法制化程度、经营环境与人力资本的交互项负向作用区域自主创新。无论是开放自由的市场化背景还是地域阻隔的垄断化情境，都需要地区关注人力资本的重要作用，进而放大人力资本对区域自主创新的积极影响。但在严格规范的法制化情境和良好轻松的经营环境中，法律规范和经营因素会约束和替代人力资本的积极作用。法制化程度与社会资本的交互项对区域自主创新产生积极作用，市场化程度、经营环境、行政性垄断与社会资本的交互项对区域自主创新产生消极影响。规范严谨的法制化环境有利于地区形成互信互惠的社会资本，进而强化社会资本的积极作用，而市场化程度和经营环境所带来的竞争压力以及行政性垄断所引致的阻隔隔断将阻碍地区社会资本的形成与优化，进而削弱社会资本的积极效用。市场化程度、经营环境、行政性垄断与智力资本的交互项将促进区域自主创新，法制化程度与智力资本的交互项将阻碍区域自主创新。良好的法制化环境将规范其中利益主体的行为和选择，过于规范化和统一化的条条框框将会制约知识的共享和创新的实现，而自由良好的市场化和经营环境、较高的行政垄断程度将会引导地区将有限资源投入到价值最大的知识和创新领域,这将增强智力资本与区域自主创新之间的关联。

2. 技术进步的制度扩散

在以技术进步路径作为中介变量的模型中,人力资本仅能依托技术进步对区域自主创新传递其积极效用,而社会资本和智力资本既能单独作用于自主创新能力,又能通过不同技术进步路径而影响区域自主创新,只是不同协同资本将产生不同影响,不同技术进步路径将传递不同信号。在控制制度环境影响的前提下,人力资本的积累和社会资本的建设能够有效促进区域自主创新,智力资本在缺失制度倾斜的背景下成为区域自主创新发展的阻碍因素。当地区在其既有协同资本影响下,选择消化吸收、技术改造、技术购买将会向区域自主创新传导积极的促进力量,而技术引进和研发将会注入消极的制约力量。原因在于消化吸收、技术改造和技术购买更需要地区拥有核心竞争力的人才、通力合作的良好环境和雄厚的技术基础,其技术进步路径对区域自主创新的积极促进作用刚好依托适宜的协同资本而实现。而技术引进和研发则更需要制度环境的支持和创新平台的支撑,在良好制度环境缺失的情境下,其技术进步路径将在一定程度上制约自主创新的发展。

在协同资本借由技术进步作用于区域自主创新的过程中,制度环境发挥了重要的调节作用。市场化程度与人力资本交互项正向影响区域自主创新,法制化程度、经营环境、行政性垄断与人力资本交互项负向影响区域自主创新。在以市场作为核心经济主体的环境中,人力资本在市场中的自由流动将有助于其在技术进步中发挥促进技术升级的重要作用,而法制化程度和行政性垄断所带来的界限以及经营环境所带来的压力将会抵减人力资本在技术进步中的关键作用。制度环境对社会资本和智力资本产生截然不同的影响,法制化程度与社会资本交互项正向作用于区域自主创新,与智力资本交互项对区域自主创新产生消极影响,市场化程度、经营环境、行政性垄断与社会资本交互项负向作用于区域自主创新,与智力资本交互项对区域自主创新产生积极影响。法制化程度表明社会规范改善和互信氛围提升程度,这将促使和谐诚信的社会资本的形成,法制化程度同时也会增加要求与限制,这将局限开放互动的智力资本的成熟,进而对区域自主创新产生不同影响。市场化程度、经营环境和行政性垄断增加相互竞争的压力和经济行为的动力,这将阻碍信任共享的社会资本的沉淀,但却能够激发带来经济利益的智力资本的提升,进而将不同影响传递到区域自主创新能力上。

(二) 制度环境的创新辐射

1. 技术选择与制度环境的联合激发

控制制度环境单独影响后,协同资本对自主创新产生显著积极影响,通过人才队伍建设、社会信任营造和知识技术共享来提升区域自主创新能力。协同资本的积极效用亦可借助技术选择传递到区域自主创新上,高素质的关键人才、信任坦诚的社会关系、持续共享的知识资源能够帮助地区改善技术使用能力和提升技术基础,这无疑会完善其技术结构的合理度和技术基础的匹配度,进而促使地区关注自主创新和提升创新能力。

当深入挖掘技术选择对区域自主创新的作用机制时,发现制度环境在其中发挥关键的调节作用。在纳入制度环境的调节效应后,协同资本仍然能够独立正向作用于自主创新,技术选择在其中发挥部分中介效应。市场化程度、行政性垄断与技术结构的交互项正向影响自主创新,法制化程度、经营环境与技术结构的交互项负向影响自主创新。市场化带来的开放性和行政性垄断带来的局限性使得地区在市场交换技术之时充分考虑自身实际情况,本着自我保护的目的引进和利用技术,此时技术结构将趋向合理,自主创新将愈发可行。而法制化引致的条框化、经营环境导致的竞争化将地区技术选择推向非理性范畴,此时技术结构将不尽合理,自主创新将受到限制。法制化程度、行政性垄断、经营环境与技术匹配的交互项正向影响区域自主创新,市场化程度与技术匹配的交互项负向影响区域自主创新。法制化程度和行政性垄断将地区置于受保护情境中,其面临的技术是能够掌控的，经营环境将地区置于竞争性的情境中，其采取的技术是适宜可行的，这将带来技术匹配程度的提高和自主创新能力的改善，而市场化将地区纳入开放式的广阔背景中，技术选择纷繁复杂，追求超出承载能力的高端技术是一个普遍现象，这将导致技术匹配程度的下降和自主创新效果的削弱。

2. 技术进步与制度环境的协同影响

控制制度环境单独影响后，协同资本对区域自主创新产生正向影响，即便采取不同方式而实现技术进步，核心人才、和谐社会和智力支撑仍然是自主创新的关键要素，只是关键人才对区域自主创新的积极影响需要借助技术进步中介和传导，互信社会和智力支撑既能独立激发自主创新，又能利用技术进步传递其影响力。此外，特定地区选择不同的技术进步路径，将面临对自主创新能力产生差异化的传导机制。地区采用消化吸收和技术购买将对自主创新能力传递积极中介作用，而采取技术引进、改造和研发将传递消极中介效用。原因在于，对先进技术的直接购买和消化吸收将带来地区技术水平的快速升级，这无疑是会加速自主创新的节奏，而技术引进、改造甚至研发的进展缓慢且成效滞后，在短期来看对自主创新产生消极影响，但在长期角度可以预见其积极作用。

在技术进步路径产生传导机制的过程中，制度环境发挥重要的调节作用。协同资本仍然能够积极影响区域自主创新，技术进步路径的传导机制则发生了微妙变化，仅技术引进产生积极中介作用，其他路径均发挥消极传导作用，这表明当技术进步路径充当传导机制时，制度环境具有非常重要的作用。市场化程度与技术引进、消化吸收、技术购买交互项正向影响自主创新，与技术改造、研发交互项负向影响自主创新。市场化程度意味着竞争压力的大小和对经济目标的影响，地区为了在激烈竞争中获取优势和赢得利益，相对于技术改造和研发这两种过程漫长且成效缓慢的进步路径，则更加倾向于选择快速提升技术的引进、消化和购买渠道，以此对自主创新产生见效快的激励作用。法制化程度与消化吸收、技术改造、研发交互项正向作用于自主创新，与技术引进、购买交互项负向作用于自主创新。法制化程度引发社会规范和行为制约，将关注热点从短期技术行为转向长期技术积累，相对于技术引进和购买的短期速成行为，会更加注重长期投入和持续提升的消化吸收、技术改造和研发渠道，以此对自主创新产生深远的积极影响。经营环境仅与技术购买交互项正向作用于自主创新，与其他渠道的技术进步路径均负向作用于自主创新。经营环境表明良好的市场秩序和规范的交易行为，其影响力将锁定在与市场和交易直接相关的技术购买渠道，借此激发区域自主创新，在经营环境上的状态将制约对技术展开吸收、改造、利用和研发，进而约束区域自主创新。行政性垄断与消化吸收、研发交互项正向影响自主创新，与技术引进、改造和购买交互项负向影响自主创新。行政性垄断带来地域界限和自我保护，促使其关注自身技术实力的提升，相对于依赖外界的进步路径如技术引进、购买、改造，则更加注重对先进技术的消化吸收和自主研发，从根本上改变其技术状态，进而促进地区自主创新。检验结果见下图，因篇幅所限省略实证数据，如需请索取。

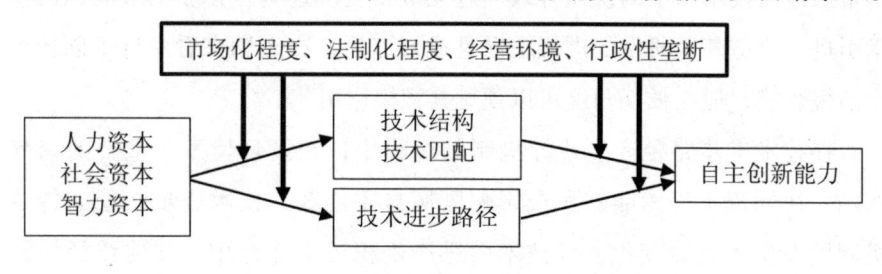

图 2-5 制度环境视角假设检验结果

第五节 结论

基于中国 30 个省区 2006—2013 年面板数据，探究资源禀赋和技术基础所代表的遗传性基因，以及政府力量所表征的习得性努力对区域自主创新能力的影响。研究发现：

第一，遗传性基因禀赋是区域自主创新的原始基础，人力资本、社会资本和智力资本所组成的协同资本是区域遗传性基因禀赋状态的有效呈现形式，既能直接影响区域自主创新，又能在科技创新和体制机制双轮驱动下作用于自主创新能力。党的十九大报告指出创新是引领发展的第一动力，是建设现代化经济体系的战略支撑，区域经济发展离不开创新的促进与支撑，而创新往往呈现出区位特点和地区差异，区域性积累和遗传性基因对区域自主创新的支撑性尤为明显，因此区域遗传性创新基因禀赋是其自主创新能力形成与发展的关键前提。

第二，遗传性基因进化是区域自主创新的积累过程，技术结构和技术匹配所表征的技术选择过程，以及技术进步路径所代表的技术进步过程是区域以科技驱动创新的动态轨迹。《国家创新驱动发展战略纲要》提出抓创新则首要抓科技创新，补短板则首要补科技创新的短板，科学发现引领技术进步的步伐，技术进步推动科学规律的发现。因此，科技创新是实现创新驱动发展战略的重要一环，科技创新驱动是聚焦于技术进步与科学发现之间的关系。这一战略思路得到了实证检验，即区域技术选择和技术进步在协同资本与自主创新能力之间发挥中介作用。区域遗传性创新基因经过技术选择和技术进步的进化作用于自主创新能力，而这一中介效应既是创新基因进化过程又是科技创新驱动过程。

第三，习得性努力是区域自主创新的外在动力，财政分权、官员特征、腐败程度、制度环境构成了地方政府治理体制框架，既是地方政府习得性的创新努力，以体制机制驱动区域创新，又是实现相互协调、持续发力双轮驱动的重要环节。《国家创新驱动发展战略纲要》提出体制机制创新就是要统筹科技、经济和政府治理等三方面体制机制改革以最大限度释放创新活力。本研究所构建的实证研究模型刚好验证了这一战略框架，即区域协同资本代表着经济方面，技术选择和技术进步代表着科技方面，地方政府创新治理体制代表着政府治理方面，其所发挥的有中介的调节和有调节的中介，正是科技创新和体制机制创新两个轮子驱动区域创新的作用体现。

　　研究结论证实了创新驱动发展战略中坚持双轮驱动的战略布局，未来区域乃至国家将继续聚焦创新发展，以科技进步和机制革新协同驱动创新，在此过程中需要同时关注区域创新的遗传性基因与习得性努力，二者缺一不可，共同影响区域自主创新。

第三章

区域自主创新共同体的框架模式与运行机制

第一节 引言

　　创新是一项系统性活动，2004年美国竞争力委员会在《创新美国：在挑战和变革的世界中实现繁荣》中首次提出创新生态系统，2008年美国大学科技园区协会等组织在《空间力量：建设美国创新共同体体系的国家战略》中界定创新共同体的崭新理念，至此开始关注创新活动的系统化以及创新主体的协同性。中国进入经济发展新常态时期，着力强调创新协同与联动，如《京津冀协同发展规划纲要》和《长江三角洲城市群发展规划》中提出通过建设协同创新共同体来推动区域协同发展。2018年全国两会，国务院总理李克强在作政府工作报告时说，五年来我们坚持创新引领发展，着力激发社会创造力，整体创新能力和效率显著提高。实施创新驱动发展战略，优化创新生态，形成多主体协同、全方位推进的创新局面。由此可见，在中国创新引领发展的过程中，创新呈现出具有生态系统和主体协同的典型特征。

　　虽然创新共同体已经发展成为创新领域的前沿主题，但是当前已有研究对创新共同体的理论探究较为欠缺，大多研究仍停留在创新共同体建设政策举措的讨论上，对创新共同体内涵特点和框架模式的相关研究有待挖掘,尤其是创新共同体的内在运行机制研究相对匮乏。而区域创新共同体的构成框架与运作机理,直接影响区域创新尤其是自主创新的实际成效。针对区域创新的主体多元性、过程动态性与效果复杂性,只有挖掘区域创新共同体的协同模式与行动逻辑,方能深入探索区域创新乃至自主创新的有效路径。因此,基于中国省际面板数据,实证研究区域自主创新共同体的框架模式和行动机制,以期充实区域创新理论体系和验证创新驱动发展战略的实践成效。

第二节 分析框架

一、自主创新共同体框架模式

创新共同体由社会经济关系网络中利益相关者所组成,聚焦参与者之间的互动状态以及由此而与技术创新所产生的推动作用(Lynn L H, 1996)①。而创新共同体参与者之间的互动状态源于参与者对共同目标的贡献,而创新共同体对创新的推动作用源于分享与协同的复杂系统的构建(Sawhney M, 2000)②。2012 年, Nordic Innovation 在《创新共同体:信任、互相学习与行动》报告中强调创新共同体参与者常常是具有较高技能并且定期聚集,学习与分享是其核心互动方式,地区集聚与区域创新是其显著外显特征,创新共同体的最终目的是产生与支持特定的创新过程。③ 综上所述,创新共同体是以共同且明确的创新目标为指引,以创新资源共享和

---

① Lynn L H, Reddy N M, Aram J D. Linking technology and institutions: The innovation community framework [J]. Research Policy, 1996, 25 (1): 91-106.

② Sawhney M, Prandelli E. Communities of creation: Managing distributed innovation in turbulent markets [J]. California Management Review, 2000, (4): 24-54.

③ Raunio M, Kautonen M, Mustikkamäki N, et al. Inclusive innovation communities linking finnish economy with global talent pool [R]. Tekes Policy brief, 2014.

运行机制顺畅为前提，以多元行为主体及其所构成的社会网络为基础，以充分共享和开放学习为行动，通过协同合作与深入互动的创新联系来推动主体创新能力增强与区域创新绩效提升。[①]

参照王峥和龚轶（2018）的研究，创新共同体由共同目标、创新资源、参与成员、网络结构、运行机制和形成基础六个基本要素构成。共同目标和利益诉求是创新共同体存在运行的导向和利益相关者互利合作的前提，对于区域创新共同体而言区域自主创新能力提升是一个重要且明确的总体目标。创新共同体发挥作用离不开基础资源的支撑，人才是激发创新的总源头，知识或技术是创新产生的原动力，资金是创新发生的助推器，信息是创新发展的催化剂。创新共同体具有多元参与主体，包括政府、企业、高校、研究机构、中介机构等，它们为共同目标的实现和创新功能的发挥提供了充分保障，官产学研合作刚好体现创新共同体的多元主体与合作程度。多元主体在共同体内联结成互动网络，而创新网络的结构特征将激发创新主体的紧密联系和促进创新资源的流动配置，进而推动共同目标的有效实现。创新共同体需要在驱动机制、运行机制和保障机制三大机制的协调下运行与管理。驱动机制是诱发创新共同体产生创新的先导性深层因素，运行机制是协同创新共同体内部运作的协调性工具因素，保障机制是确保创新共同体有序发展的动力性支撑因素。此外，创新共同体需要依托一定基础而形成，地理邻近是硬性的客观区位基础，而认知基础、组织基础、社会基础和制度基础是软性的重要因素，是形成共同目标和开展稳定合作的前提条件。

二、自主创新共同体运行机制

自主创新共同体运行机制由三种机制组成，驱动机制是创新共同体最

[①] 王峥，龚轶. 创新共同体：概念、框架与模式［J］. 科学学研究，2018（1）：140-148.

前端和基础性的影响因素,对创新共同体成员开展协同创新具有引导性作用。在区域自主创新过程中彰显人力功效的人力资本、社会信任的社会资本以及知识价值的智力资本是创新共同体最深层的前因元素,因此驱动机制体现为由人力资本、社会资本、智力资本所形成的区域协同资本对区域自主创新的积极驱动作用。运作机制是协同创新共同体的内部工作内容和主体作用方式,官产学研合作是多元主体之间的特定合作形式,创新网络结构是创新共同体的动态互动过程,因此自主创新主体运作机制外显为官产学研合作和创新网络结构的独特功效。不同地区由于区位特点和禀赋状态不同,其官产学研合作的方式和程度不尽相同,进而导致其官产学研合作的效果和影响迥异。为了充分发挥官产学研合作的积极效用,需要地区从自身特点出发,考量其要素特征和协同资本,采用恰当的官产学研合作方式,促使政府、企业、高校及创新利益相关方开展深度合作和持续互动,以实现地区自主创新能力的提升和经济发展效率的提高。自主创新的全过程一方面需要创新利益相关者的积极参与和通力合作,需要企业扮演创新赛场上运动员的角色——实现创新,政府发挥教练员的作用——引导创新,高校承担智囊团的职责——掌控创新,以互动的形式将创新利益相关者关联起来;另一方面需要构建和运作区域创新网络,实现资源和要素的共享与传递,依托创新网络拓展自主创新的广度和深度,以特定的创新网络结构来扩散自主创新的影响力,以一张无形的网将创新要素串联起来。因此,官产学研合作和创新网络结构既代表创新共同体参与主体和网络结构,其在区域协同资本与自主创新能力之间的中介作用又体现创新共同体的运作机制。保障机制是创新共同体协同运行的动力机能,这就体现在创新共同体形成基础的调节效用上。创新共同体具有认知、组织、社会和制度四大基础,其中认知基础是以官员特征来表征,地方官员创新精神、政治晋升激励、政治权力转移和政策不稳定性从不同侧面体现官员对创新和政治的区域认知差异,创新共同体在差异化认知基础上形成迥异的合作方式和网络结构。组织基础是以财政分权程度来表示,财政分权带来权力下移,组织权力结构和职责范围将发生改变,进而影响创新共同体多元主体之间的互动内容与活动形式。社会基础是以政府规模和腐败程度来体现,腐败带来的负面示范效应会影响地区政治风气(周黎安等,2009[①]),进而会阻碍地区创新共同体的亲密合作和有序互动。制度基础是以制度环境来外显,地区市场化、法制化、经营环境和行政垄断程度是创新共同体互动与合作的制度环境,制度环境越好,创新共同体越能通过合作而有效自主创新。

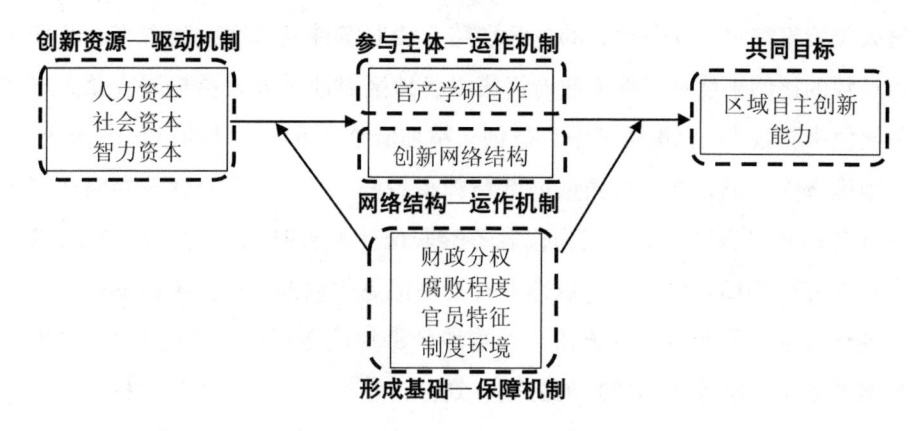

图 3-1 自主创新共同体运行机制研究模型

第三节 研究设计

一、变量测量

（一）创新资源与共同目标

创新资源即协同资本,人力资本按照李谷成(2009)的方法以教育变

[①] 周黎安,陶婧. 政府规模、市场化与地区腐败问题研究 [J]. 经济研究, 2009 (1): 57-69.

量来度量①；社会资本参照戴亦一等（2014）的方法，将省区信任指数作为权重，与各省慈善组织指数加权处理②；智力资本采用陈钰芬（2006）开发的中国区域智力资本测度指标体系③。共同目标即自主创新能力，采用徐林明等（2014）基于方法集化的动态组合评价方法测算④。

（二）形成基础

财政分权参照顾元媛等（2012），将财政分权度区分为财政支出分权和财政收入分权计算⑤；腐败程度遵循方红生等（2014）的做法，以各地区人民检察院每年立案侦查的贪污贿赂、渎职案件的涉案人数占当地公职人员数的比例来度量。地方政府规模以各地区财政供养人员与地区总人口的比值来测量⑥；官员特征中官员创新精神借鉴魏下海等（2013）的做法，以地区省委书记和省长来测量创新精神指数和强度⑦；政治晋升参照曹春方（2013）以省区党委书记为代表考察职位变更去向⑧；政治权力转移参考曹春方（2013）的方法，以地方省委书记更替数据表示；政策不稳定性借鉴杨海生等（2014）的方法，计算地区每年地方官员变更比率⑨。制度环境参考李诗田等（2015）的思路，划分为市场化程度、法制化程度、经

---

① 李谷成. 人力资本与中国区域农业全要素生产率增长——基于 DEA 视角的实证分析 [J]. 财经研究, 2009 (8): 115 - 128.
② 戴亦一, 潘越, 刘新宇. 社会资本、政治关系与我国私募股权基金投融资行为 [J]. 南开管理评论, 2014 (4): 88 - 97.
③ 陈钰芬. 区域智力资本测度指标体系的构建 [J]. 统计研究, 2006 (2): 24 - 29.
④ 徐林明, 孙秋碧, 李美娟. 基于方法集化的区域自主创新实力动态组合评价研究 [J]. 福州大学学报（哲学社会科学版）, 2014 (6): 31 - 39.
⑤ 顾元媛, 沈坤荣. 地方政府行为与企业研发投入——基于中国省际面板数据的实证分析 [J]. 中国工业经济, 2012 (10): 77 - 88.
⑥ 方红生, 张军. 财政集权的激励效应再评估：攫取之手还是援助之手？[J]. 管理世界, 2014 (2): 21 - 31.
⑦ 魏下海, 董志强, 刘愿. 政治关系、制度环境与劳动收入份额——基于全国民营企业调查数据的实证研究 [J]. 管理世界, 2013 (5): 35 - 46.
⑧ 曹春方. 政治权力转移与公司投资：中国的逻辑 [J]. 管理世界, 2013 (1): 143 - 156.
⑨ 杨海生, 陈少凌, 罗党论, 佘国满. 政策不稳定性与经济增长——来自中国地方官员变更的经验证据 [J]. 管理世界, 2014 (9): 13 - 28.

营环境和行政垄断程度。①

（三）参与主体

官产学研合作即政府、企业、高校和研究机构四类创新主体之间合作与互动。参照王鹏等（2013）的方法，用绝对指标度量官产学研合作程度，即用创新主体科技活动经费中来自政府或企业部分的绝对值表示，同时利用固定资产投资价格指数进行平减。官学合作是高等学校研究开发经费中来自政府的资金，产学合作是高等学校研究开发经费中来自企业的资金，官产合作是企业研究开发经费中来自政府的资金，官研合作是研究机构研究开发经费中来自政府的资金，产研合作是研究机构研究开发经费中来自企业的资金。②

（四）网络结构

区域创新网络是在特定区域范围内，创新行为主体通过协同创新和交互合作建立起利于创新的具有一定稳定性和多样性的关系。参照于明洁等（2013）的方法，网络规模用高校和研究机构个数、高新技术企业个数、规模以上工业企业技术中心或研究所个数来测量；网络开放性用外商直接投资额测度；网络结构洞用技术市场交易金额度量；网络链接用作者同省异单位联合发表的学术论文表示。③

二、数据来源

参照王元地（2013）的研究，中国自主创新是以 2006 年 2 月 9 日国务院正式发布《国家中长期科学和技术发展规划纲要（2006—2020 年)》为

---

① 李诗田，邱伟年．政治关联、制度环境与企业研发支出 [J]．科研管理，2015 (4)：56 – 64.
② 王鹏，张剑波．外商直接投资、官产学研合作与区域创新产出——基于我国十三省市面板数据的实证研究 [J]．经济学家，2013 (1)：58 – 66.
③ 于明洁，郭鹏，张果．区域创新网络结构对区域创新效率的影响研究 [J]．科学学与科学技术管理，2013 (8)：56 – 63.

启动标志[①],将研究样本数据年份设定为2006—2013年。考虑到数据可获取性和研究全面性,将研究样本数据覆盖区域设定为中国除西藏、香港、澳门和台湾之外其余30个省、自治区、直辖市。研究所用数据均来自历年《中国统计年鉴》《中国科技统计年鉴》《中国对外经济统计年鉴》《中国商务年鉴》《中国劳动统计年鉴》,以及各省人民政府及相关部门官方门户网站等。研究中涉及的地方官员资料来源于《中华人民共和国职官志》、中国经济网"地方党政领导人物库"、中国共产党新闻网"中国党政领导干部资料库"、人民网和新华网公布的干部简历,辅之以百度、政府门户网站等,对官员背景信息进行广泛搜索与手动整理。

第四节 实证分析与讨论

形成基础视角下创新共同体运行机制体现为从认知、组织、社会、制度基础视角探究协同资本对自主创新的驱动机制,官产学研合作和创新网络结构的运作机制,以及不同形成基础的保障机制。

一、认知基础下创新共同体运行机制

在官产学研合作运作机制模型中,认知基础的保障机制通过统计检验,即具有有中介的调节和有调节的中介效应;在创新网络结构运作机制模型中,认知基础的保障机制部分通过验证,即仅发挥了有中介的调节效应。

(一)官员特征对驱动机制的保障功效

在考量官产学研合作运作机制的中介效应模型中,控制官员特征影响后,协同资本均能显著正向影响区域自主创新能力,人才、知识和信任是

---

① 王元地.中国自主创新政策评价研究[M].北京:经济管理出版社,2013:10.

<<< 第三章 区域自主创新共同体的框架模式与运行机制

驱动区域自主创新的基础要素,在纳入官产学研合作之后,协同资本仍然能够积极作用于区域自主创新能力,只是人力资本不再具有统计上的显著性,表明人力资本对自主创新能力的积极效用被官产学研合作完全中介了,而在社会资本和智力资本作用自主创新过程中,官产学研合作发挥部分中介效用。由此可见,人力资本的驱动机制需要借由官产学研合作的运作机制而影响区域自主创新,社会资本和智力资本不仅能对自主创新产生直接正向驱动,而且能通过官产学研合作的运作机制间接影响自主创新。在官产学研合作模式中,产学合作和产研合作对区域自主创新能力产生积极运作机制,官学合作、官产合作和官研合作则具有负面运作机制。这是因为,当探究政治权力转移、政策不稳定性、官员创新精神和官员政治晋升的重要作用时,地方政府特性和官员特征会导致与地方政府和地方官员相关的合作模式受到影响,创新主体与政府的合作形式将阻碍自主创新的发展,而未受到干预的其他互动方式将促进区域自主创新,这从另一角度揭示地方政府拥有影响区域自主创新的多种方式。此外,在协同资本作用于官产学研合作过程中,官员特征具有显著的调节作用即保障机制得到统计检验。地方政府政治权力转移体现了官员更替时序上的频繁程度,即研究期间官员更替情况的时间分布,政治权力转移越频繁,地方政府管理行为越短暂,政策影响越受限,导致协同资本均无法充分且持久发挥其积极效能。地方政策不稳定性体现了官员更替相对上的比较情况,与其他地区相比是否更为频繁和快速,政策不稳定性越高,地方政府越可能采取暂时性行为,它们会更加关注人力资本的经济价值和社会资本的影响价值,进而在强化人力资本和社会资本的积极作用的同时弱化智力资本的应有效用。创新精神揭示了官员是否具有打破陈规的习惯和勇气,创新意识越强烈,其对人力资本和社会资本的重视程度就越高,越能激发人力资本和社会资本发挥重要作用,然而创新的动力却对智力资本产生复杂影响,可能会加强智力资本建设,也可能会削减智力资本投入。政治晋升是官员职业发展的目标和政府管理行为的动机,促使地方政府更加注重采取经济行为

以追求短期目标，智力资本中基础平台的建设，社会资本中和谐氛围的营造都能够为政治晋升铺路，而人力资本的潜在性却使其不会投入过多精力和资源。由此可见，地方政府所具有的不同特征将影响地区协同资本与合作方式对自主创新产生不同的作用。协同资本对共同目标具有直接与间接的驱动机制，官产学研合作的运作机制在其中具有重要传递功能，而认知基础的保障机制将通过影响协同资本与官产学研合作之间的关系来发挥作用。

在考量创新网络结构运作机制的中介效应模型中，控制官员特征影响后，人力资本、社会资本和智力资本均对自主创新能力发挥显著的积极作用，高素质的人才、相互信任的社会、充分共享的知识无疑是自主创新能力提升的关键所在，当将其置于创新网络中时，仍然能积极促进区域自主创新，只是社会资本的单独作用不再具有统计显著性。由此可见，人力资本和智力资本不仅能够单独激发区域自主创新，而且能够借助创新网络的力量间接驱动自主创新，创新网络发挥部分中介作用。社会资本的驱动机制只有一种形式，即将其影响力通过创新网络来传递，创新网络在其中发挥完全中介作用。创新网络的运作机制将更加强化协同资本对共同目标的正向驱动机制，在协同资本影响创新网络的过程中，官员特征发挥显著的调节作用。政治权力转移体现官员更替的时间特征，直接呈现了地方政府管理上的短期和近利，这将限制其对协同资本的投入与建设。政策不稳定性展现官员更替的比较特征，深入揭示了地方政府管理行为和政策变迁的不连续性，这将导致地方政府忽略需要大量资源和精力投入的智力资本建设，而关注人才投入以快速建立口碑和加强社会建设以提高政绩。政治晋升是地方官员的职业目标和行为动力，促使他们加大对智力资本的投入以直接获得回报，人力资本和社会资本固然重要，但影响的间接性和成效的缓慢性将制约地方政府对其关注和强调。创新精神是创新意愿和勇气的体现，对人力资本、社会资本和智力资本产生复杂影响，一方面因其对创新的重要性而加强关注与投入，一方面因其成效的滞后性而减弱强度和力度。简言之，在协同资本直接与间接的驱动机制中，创新网络结构的运作机制发挥关键引导功效，而认知基础的保障机制将通过调节协同资本与创新网络结构之间的关系来发挥作用。

(二) 官员特征对运作机制的保障功效

当考量官员特征对运作机制的保障功效时，发现其保障机制是通过影响官产学研合作运作机制而发挥应用功效，而对创新网络结构运作机制的保障效用未通过统计检验。在官产学研合作模式影响自主创新能力的过程中，官员特征发挥关键调节作用。在地方官产学研合作模式中，官学合作是政府与高校之间的互动，政治权力转移和政策不稳定所体现的官员更替和政策变迁，将限制政府与高校之间的持续合作，减少对自主创新的引导和鼓励。同时，政治晋升的目的性将加强政府与高校之间的联系并激发自主创新的动力。官研合作是政府与研究机构之间的互动，政治权力转移和政治晋升所带来的经济目标和短期行为，将减少政府与研究机构之间的联系，进而制约地区的自主创新，然而政策不稳定性却能加强两者之间的互动与合作，以彰显政府管理中智囊团的重要作用。产研合作是企业与研究机构之间的互动，政治权力转移、政策不稳定性、政治晋升在管理短视性和行为间断性影响下，忽视了将研究成果产业化，降低了自主创新应有效能。产学合作是企业与高校之间的互动，政治权利转移和政治晋升因关注经济性利益而强调研究成果转化，政策不稳定性因采取间断性行为而阻碍研究成果产业化。官产合作是政府与企业之间的互动，政治权力转移和政策不稳定性促使政府将合作对象锁定在能带来经济成效的企业，而政治晋升却因政治立场和职场规则而制约两者之间的合作。因此，认知基础的保障机制将通过官产学研合作运作机制对共同目标影响过程来发挥作用，只是不同官产学研合作模式对应差异化运作机制，认知基础对其保障机制也呈现差异化特点。检验结果见下图，虚线未获验证，因篇幅所限省略实证数据，如需请索取。

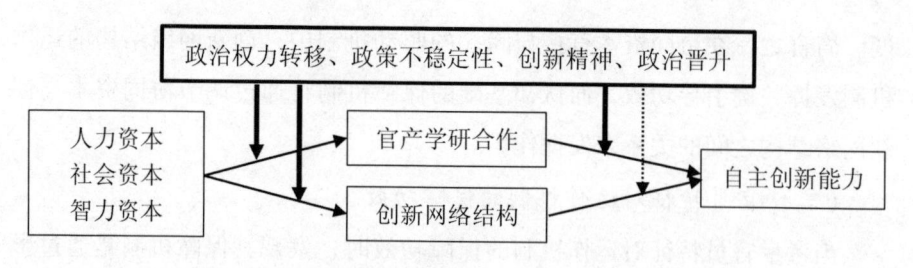

图 3-2　官员特征视角假设检验结果

二、组织基础下创新共同体运行机制

在官产学研合作运作机制模型中，组织基础的保障机制通过统计检验，即具有有中介的调节和有调节的中介效应；在创新网络结构运作机制模型中，组织基础的保障机制部分通过验证，即仅发挥有中介的调节效应。

（一）政府分权度对驱动机制的保障功效

在考量官产学研合作运作机制的中介效应模型中，控制政府分权影响后，协同资本对自主创新能力产生正向影响，人才是创新主体、知识是创新核心、社会是创新环境，三者整合起来能够对区域自主创新产生重要促进作用，其中人力资本和智力资本的积极功效将经由官产学研合作间接作用于自主创新能力，社会资本既能独立激发自主创新，又能间接促进自主创新。人力资本和智力资本对共同目标产生间接驱动机制，社会资本对其具有直接和间接双重驱动路径。在官产学研合作传导机制中，产学合作、官产合作和产研合作对自主创新传递出积极影响，官学合作和官研合作则扩散出消极作用。地区协同资本的积累与开发必定引发创新主体之间的合作和创新要素之间的流动，当以产学合作、官产合作和产研合作形式展开互动时，与创新成果转化和创新经济价值息息相关的三种合作模式将强化协同资本的激励作用，而当以官学合作和官研合作进行互动时，以创新效果滞后和过程持久为特征的两种合作方式将削减协同资本的积极效用。在协同资本的驱动机制作用于官产学研合作的运作机制时，政府分权度具有重要调节作用。财政分权程度是地方政府开展有效管理的财力来源和调控手段，为了合理履行地方政府在公共资源调配上的职责，倾向于从关注实体建设的智力资本处获得资金保障，并将其投入能够带来持续经济效益的建设载体上，即对未来发展具有关键作用和激励功效的人力资本和社会资本注入更多关注与支持，以平衡具有竞争性和替代性的公共资源之间的差距和冲突。因此，协同资本对共同目标具有直接与间接的驱动机制，官产学研合作的运作机制发挥重要传导作用，而组织基础的保障机制将通过调节协同资本与官产学研合作之间的关系来发挥作用。

在考量创新网络结构运作机制的中介效应模型中，控制政府分权影响后，人力资本和社会资本对区域自主创新的促进功效将借助创新网络结构而起作用，智力资本一方面对区域自主创新能力发挥独立积极作用，一方面通过创新网络结构中介作用而产生间接正向影响。当未考虑区域创新网络结构特征时，社会资本、智力资本促进区域自主创新，而人力资本则阻碍区域自主创新；而在考虑区域创新网络结构特征后，人力资本不再是阻碍区域自主创新的要素，反而能够有效激发自主创新。之所以发生这样的改变，是因为在政府财政分权影响下人力资本这个最具能动性和潜能性的要素未能有效借助财政分权和自主管理的东风而发挥出应有的积极功效，而当搭建起区域创新网络后，人力资本的积极作用通过创新网络得到放大与延伸。在协同资本作用于创新网络结构过程中，政府分权度发挥重要调节作用。政府财政分权度是政府平衡公共资源分配和实现公共管理职能的重要手段，通过财政收入分权从具有经济价值和充裕资源的智力资本处获得财力支持，并通过财政支出分权转移支付到容易忽视和资源匮乏的人力资本和社会资本上，这样就能在三个协同资本之间实现资源平衡和宏观调控，进而将协同资本的积极作用传递到区域自主创新能力上。简言之，在协同资本直接与间接的驱动机制中，创新网络结构的运作机制在其中具有核心引导功效，而组织基础的保障机制将通过影响协同资本与创新网络结构之间的关系来发挥作用。

（二）政府分权度对运作机制的保障功效

当考量政府分权度对运作机制的保障功效时，发现其保障机制是通过影响官产学研合作运作机制而发挥应用功效，而对创新网络结构运作机制的保障效用未通过实证检验。在官产学研合作模式影响自主创新能力的过程中，政府分权度发挥关键调节作用。在以官产学研合作为中介变量的模型中，控制政府分权度单独影响后，协同资本能够直接促进区域自主创新，也能够通过官产学研合作间接影响区域自主创新，只是不同官产学研合作方式，其传递的中介作用效果不同。核心创新人才、互信互惠氛围、共享流动知识都是区域实现自主创新的基础条件，当地区采取产学合作、官产合作、产研合作的互动模式，对研究成果产业化和市场化的行动将促进区域自主创新，当采取官学合作和官研合作的交流方式，政府支持力度和地区研发实力将制约区域自主创新。在协同资本作用于官产学研合作的过程中，政府分权度具有重要调节作用。政府财政分权度的两个维度——收入分权和支出分权是具有互补性质的政府管理方法，通过收入自主权取得财力保障，通过支出自主权实现管理职责。地方政府收入分权的功效将直接体现在政府与企业之间的合作上，通过财政收入管控企业运营以引导其积极投身创新领域。由于财政收入无法对高校和研究机构产生直观影响，因而会削弱地区的研究与开发。地方政府支出分权的功能将充分体现政府对研究开发和自主创新的支撑，注重对高校和研究机构的关注与支持，以激发地区自主创新。由于财政支出将从企业处获得的资源转移至高校和研究机构，所以将会制约官产合作对区域自主创新的影响。

在以创新网络结构为中介变量的模型中，在政府分权度视角下有调节的中介效应未通过统计上显著性检验，因此不存在有调节的中介效应，这表明区域创新网络的构建与运作，将促使区域形成一个自主运转的创新共同体，创新资源的配置和创新行为的选择将在创新网络中自发形成，创新网络将代替政府分权度的角色，调控资源配置与激发创新行为。

<<< 第三章 区域自主创新共同体的框架模式与运行机制

表 3-1 政府分权度视角下有中介的调节效应检验（官产学研合作）

因变量	第 1 步 自主创新	第 2 步 官学合作	第 2 步 产学合作	第 2 步 官产合作	第 2 步 官研合作	第 2 步 产研合作	第 3 步 自主创新
C	0.82*** (0.00)	1286.26 (0.14)	1283.37** (0.03)	4064.45*** (0.00)	-2466.97 (0.36)	-193.10 (0.53)	0.73*** (0.00)
人力资本	-0.01 (0.91)	-106.26 (0.63)	-200.38 (0.19)	-594.58*** (0.01)	463.03 (0.50)	17.95 (0.82)	0.01 (0.85)
社会资本	0.04** (0.03)	219.27*** (0.00)	6.15 (0.89)	65.45 (0.30)	1875.48*** (0.00)	60.58*** (0.01)	0.06*** (0.00)
智力资本	0.01** (0.01)	-45.35* (0.06)	-20.07 (0.21)	112.78*** (0.00)	-50.51 (0.49)	14.39* (0.08)	0.01 (0.13)
财政收入分权	24.60*** (0.00)	-94494.13*** (0.00)	-70894.8*** (0.00)	-54269.04** (0.03)	-108218.4 (0.16)	24571.60*** (0.01)	19.34** (0.00)
财政支出分权	-25.23** (0.02)	41520.86 (0.35)	27400.14 (0.36)	-29275.98 (0.49)	122883.1 (0.36)	-19165.11 (0.21)	-19.05* (0.07)
官学合作							-3.91E-06 (0.86)
产学合作							1.52E-05 (0.62)
官产合作							1.41E-05 (0.44)

87

续表

因变量	第1步 自主创新	第2步 官学合作	第2步 产学合作	第2步 官产合作	第2步 官研合作	第2步 产研合作	第3步 自主创新
官研合作							-2.02E-05*** (0.00)
产研合作							0.0002*** (0.00)
收入分权*人力	-5.32*** (0.00)	22050.24*** (0.00)	17196.61*** (0.00)	13177.51** (0.04)	55985.96** (0.01)	-2676.60 (0.26)	-4.06** (0.02)
支出分权*人力	6.37** (0.03)	-10583.40 (0.36)	-6363.33 (0.42)	307.58 (0.98)	-45379.74 (0.21)	3165.51 (0.43)	4.92* (0.08)
收入分权*社会	-1.83*** (0.00)	4087.19 (0.10)	-257.22 (0.88)	-2627.82 (0.27)	-34003.47*** (0.00)	-5315.29*** (0.00)	-1.48** (0.03)
支出分权*社会	2.60*** (0.00)	-8369.07** (0.01)	214.17 (0.93)	2749.03 (0.40)	21270.31** (0.04)	6481.59*** (0.00)	1.76** (0.05)
收入分权*智力	0.47** (0.01)	-2053.76*** (0.01)	-545.03 (0.29)	-291.62 (0.69)	-1242.80 (0.60)	215.76 (0.42)	0.41** (0.02)
支出分权*智力	-0.49* (0.08)	3199.18*** (0.01)	541.80 (0.48)	-1937.38* (0.08)	1049.33 (0.76)	-574.16 (0.15)	-0.33 (0.23)
R^2	0.99	0.98	0.97	0.91	0.99	0.89	0.99
F统计量	762.52*** (0.00)	169.25*** (0.00)	117.65*** (0.00)	39.68*** (0.00)	370.69*** (0.00)	31.71*** (0.00)	757.03*** (0.00)

第三章 区域自主创新共同体的框架模式与运行机制

续表

因变量	第1步 自主创新	第2步 官学合作	第2步 产学合作	第2步 官产合作	第2步 官研合作	第2步 产研合作	第3步 自主创新
Hausman	35.73*** (0.00)	52.20*** (0.00)	20.63** (0.04)	139.16*** (0.00)	61.85*** (0.00)	65.12*** (0.00)	90.86*** (0.00)
模型选择	FE/FE	FE/FE	FE/FE	FE/FE	FE/FE	FE/FE	FE/FE

资料来源：本研究整理。*、**、***表示通过了10%、5%和1%水平上的显著性检验，拒绝原假设。

表3-2 政府分权度视角下有调节的中介效应检验（官产学研合作）

因变量	第1步 自主创新	第2步 产学合作	第2步 官学合作	第2步 官产合作	第2步 官研合作	第2步 产研合作	第3步 自主创新	第4步 自主创新
C	0.67*** (0.00)	-669.97 (0.21)	-1059.3*** (0.01)	1973.78*** (0.00)	-2496.56 (0.16)	-396.84** (0.04)	0.72*** (0.00)	0.59*** (0.00)
人力资本	0.04 (0.26)	354.56** (0.01)	335.15*** (0.00)	-32.69 (0.81)	1054.71** (0.02)	109.11** (0.04)	0.03 (0.30)	0.05 (0.19)
社会资本	0.01** (0.01)	181.22*** (0.00)	16.24 (0.34)	27.66 (0.22)	653.95*** (0.00)	-27.98*** (0.00)	0.04*** (0.00)	0.02 (0.11)
智力资本	0.02*** (0.00)	-15.20 (0.22)	-10.71 (0.24)	23.09* (0.05)	-266.73*** (0.00)	-15.61*** (0.00)	0.02*** (0.00)	0.02*** (0.00)
财政收入分权	3.22* (0.07)	-8633.82 (0.25)	-2021.54 (0.71)	-19088.98*** (0.01)	-20842.75 (0.39)	341.92 (0.90)	2.66 (0.12)	7.10*** (0.00)

89

续表

因变量	第1步 自主创新	第2步 官学合作	第2步 产学合作	第2步 官产合作	第2步 官研合作	第2步 产研合作	第3步 自主创新	第4步 自主创新
财政支出分权	1.46 (0.51)	1086.52 (0.91)	6938.09 (0.31)	-23469.06*** (0.01)	4059.18 (0.90)	2414.35 (0.49)	0.94 (0.66)	-1.14 (0.73)
官学合作							-1.81E-05 (0.40)	-2.86E-05 (0.59)
产学合作							8.72E-06 (0.76)	3.76E-05 (0.63)
官产合作							3.90E-07 (0.98)	-4.84E-05 (0.49)
官研合作							-1.71E-05*** (0.00)	1.94E-05 (0.38)
产研合作							0.0002*** (0.00)	2.96E-05 (0.87)
收入分权*官学								-0.001 (0.54)
支出分权*官学								0.002 (0.30)
收入分权*产学								-0.003 (0.13)
支出分权*产学								0.002 (0.49)

续表

因变量	第1步 自主创新	第2步 官学合作	第2步 产学合作	第2步 官产合作	第2步 官研合作	第2步 产研合作	第3步 自主创新	第4步 自主创新
收入分权*官产								0.004** (0.03)
支出分权*官产								−0.004 (0.22)
收入分权*官研								−0.001 (0.11)
支出分权*官研								1.85E−05 (0.97)
收入分权*产研								−0.003 (0.51)
支出分权*产研								0.006 (0.42)
R^2	0.99	0.97	0.95	0.89	0.98	0.84	0.99	0.99
F统计量	786.62*** (0.00)	158.13*** (0.00)	95.49*** (0.00)	38.25*** (0.00)	310.81*** (0.00)	25.91*** (0.00)	808.63*** (0.00)	697.25*** (0.00)
Hausman	47.26*** (0.00)	76.96*** (0.00)	18.17*** (0.00)	140.89*** (0.00)	85.66*** (0.00)	47.93*** (0.00)	83.88*** (0.00)	81.76*** (0.00)
模型选择	FE/FE	FE/FE	FE/FE	FE/FE	FE/FE	FE/FE	FE/FE	FE/FE

资料来源：本研究整理。*、**、***表示通过了10%、5%和1%水平上的显著性检验，拒绝原假设。

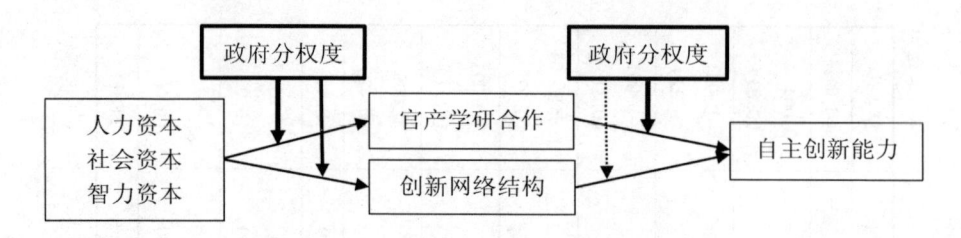

图 3-3 政府分权度视角假设检验结果

表 3-3 政府分权度视角下有中介的调节效应检验（创新网络结构）

因变量	第1步 自主创新能力	第2步 创新网络结构	第3步 自主创新能力
C	0.82*** (0.00)	8.74E+13* (0.05)	0.71*** (0.00)
人力资本	-0.01 (0.91)	-2.07E+13* (0.07)	0.02 (0.71)
社会资本	0.04** (0.03)	1.99E+13*** (0.00)	0.01 (0.54)
智力资本	0.01** (0.01)	2.97E+12** (0.01)	0.01* (0.07)
财政收入分权	24.60*** (0.00)	-3.14E+15** (0.02)	28.64*** (0.00)
财政支出分权	-25.23** (0.02)	5.29E+14 (0.81)	-25.91** (0.01)
创新网络结构			1.29E-15*** (0.00)
收入分权*人力	-5.32*** (0.00)	6.37E+14* (0.07)	-6.14*** (0.00)
支出分权*人力	6.37** (0.03)	-2.82E+14 (0.63)	6.73** (0.02)

续表

因变量	第1步 自主创新能力	第2步 创新网络结构	第3步 自主创新能力
收入分权*社会	-1.83*** (0.00)	-5.57E+14*** (0.00)	-1.12* (0.08)
支出分权*社会	2.60*** (0.00)	5.57E+14*** (0.00)	1.88** (0.02)
收入分权*智力	0.47** (0.01)	1.82E+14*** (0.00)	0.24 (0.21)
支出分权*智力	-0.49* (0.08)	-1.84E+14*** (0.00)	-0.26 (0.36)
R^2	0.99	0.66	0.99
F统计量	762.52*** (0.00)	8.07*** (0.00)	799.36*** (0.00)
Hausman	35.73*** (0.00)	132.62*** (0.00)	110.53*** (0.00)
模型选择	FE/FE	FE/FE	FE/FE

资料来源：本研究整理。*、**、***表示通过了10%、5%和1%水平上的显著性检验，拒绝原假设。

三、社会基础下创新共同体运行机制

在创新网络结构运作机制模型中，社会基础的保障机制通过统计检验，即具有有中介的调节和有调节的中介效应；在官产学研合作运作机制模型中，社会基础的保障机制未通过验证，这可能是因为官产学研合作中政府已然发挥了重要的引导和支持作用，而政府与企业、高校、科研机构的互动和联系过程将不会受到反腐力度和政府规模的明显影响。

（一）腐败程度对驱动机制的保障功效

在考量创新网络结构运作机制的中介效应模型中，控制腐败程度和政

府规模影响后，协同资本对区域自主创新能力产生直接积极影响，同时经由创新网络结构的强化传导机制将积极影响传递到区域自主创新上，创新网络结构在其中发挥显著的部分中介作用。协同资本如若在适宜的创新网络中将会通过网络的互动和共享而放大与扩散其积极效应，进而推动区域的自主创新和经济发展。在协同资本作用于创新网络的过程中，反腐力度和政府规模发挥显著调节效应。地区反腐力度越大，地方政府管理氛围越清晰明了，越能巩固人力资本和社会资本对创新网络的重要作用以及对自主创新的积极影响，地区反腐行动越多，反腐耗费成本越大，在一定程度上削弱强调基础建设的智力资本对创新网络和自主创新的支持力度。地区政府规模越大，地方政府管理效能越低，越会削减人力资本与社会资本对创新与经济的积极作用，也正是因为规模越大，政府经济实力和调控范围越大，越会注重对智力资本的建设与维护。地方反腐力度和政府规模对协同资本与创新网络的中介作用产生截然相反的影响，这是因为地方反腐力度越大，法制环境越好，社会规则与人际规范越清晰，将有利于在创新网络中具有潜在性和隐含性的人力资本与社会资本充分发挥其应有功效，同时却给创新网络中的智力资本增添了条条框框的限制，而阻碍其对自主创新积极作用的发挥。地方政府规模越大，管理成本越高，行政效能较低，地域局限和部门利益导致创新网络中的人力资本与社会资本无论在开发还是在积累上均受到限制，进而阻碍其对自主创新正向影响的实现，同时却将更多资源和行动注入创新网络中智力资本的建设上，激发其对自主创新的促进作用。简言之，协同资本对共同目标具有直接与间接的驱动机制，创新网络结构的运作机制发挥关键传导功能，而社会基础的保障机制将通过影响协同资本与创新网络之间的关系来发挥作用。

（二）腐败程度对运作机制的保障功效

在以创新网络结构作为中介变量的模型中，控制反腐力度和政府规模单独影响后，社会资本仅能借助创新网络来激发区域自主创新，人力资本和智力资本对区域自主创新能力不仅能够发挥单独且显著的正向影响，还可以利用区域创新网络来对自主创新能力产生积极作用。核心人才、关键知识和互信社会是实现自主创新的根源所在，而无论是人才、知识还是社会都会相互影响和互相作用，进而形成特定的网络结构和互动模式，当这一网络是利于创新的，当这一结构是合理的，那基于此所开展的自主创新将是高效的。在协同资本的积极效用经过创新网络之时，地方政府的反腐力度和政府规模将发挥重要的调节作用。当模型中纳入反腐力度和政府规模的调节效应后，协同资本均能直接显著激发自主创新，这也就意味着当纳入调节效应后地区协同资本对自主创新拥有直接和间接两条作用路径，社会资本在未考虑调节效应之前仅有一条间接路径，而此时为它增加了作用于自主创新的直接途径，表明在反腐力度和政府规模下地区协同资本对自主创新拥有多样化的作用路径和影响方式。地方反腐力度与创新网络交互项将正向影响区域自主创新能力，地方政府规模与创新网络交互项将负向影响区域自主创新能力。这是因为反腐力度背后将呈现有序的环境和规范的氛围，这些将能够为创新网络提供互动规则和互信基础，促进地区创新网络的健康发展和自主创新的有序进行，而政府规模代表了庞大的行政成本和滞后的管理行为，这些将无法为创新网络提供有效引导和高效调控，无法帮助搭建有效的创新网络，进而会阻碍创新互动的开展和自主创新的实现。简言之，社会基础的保障机制为协同资本的驱动机制提供多元化路径，社会基础的保障机制将通过创新网络运作机制对共同目标影响过程发挥作用。检验结果见下图，虚线未获验证，因篇幅所限省略实证数据，如需请索取。

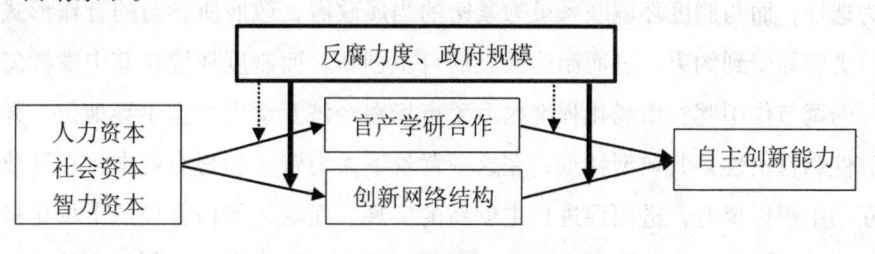

图3-4 腐败程度视角假设检验结果

四、制度基础下创新共同体运行机制

在官产学研合作运作机制模型中,制度基础的保障机制通过统计检验,即具有有中介的调节和有调节的中介效应,在创新网络结构运作机制模型中,制度基础的保障机制部分通过验证,即仅发挥了有中介的调节效应。

(一) 制度环境对驱动机制的保障功效

在以官产学研合作作为中介变量的模型中,控制制度环境单独影响,协同资本均能单独作用于区域自主创新能力,只是人力资本和社会资本对其产生积极作用,智力资本对其产生消极影响。在未考虑制度环境因素情况下,协同资本将明显促进区域自主创新,而在纳入制度环境之后,智力资本的积极效用转变为消极影响,这表明制度环境在协同资本作用于自主创新过程中具有重要作用,制度环境状况将限制地区对知识的有效利用和充分共享,进而阻碍自主创新的实现。对区域自主创新能力而言,人力资本仅具有经由官产学研合作而产生的间接影响,社会资本和智力资本不仅能够独立发挥作用,而且能够借助官产学研合作传导其影响力。因此,制度基础的保障机制体现在其直接影响协同资本的驱动机制,间接作用官产学研合作的运作机制。在官产学研合作的中介效应中,产学合作、产研合作将有利于区域自主创新能力的提升,官学合作、官产合作和官研合作将不利于自主创新能力的发展,这是因为制度环境将直接影响创新主体的行为选择,而与制度环境联系最为紧密的当属政府,政府所参与的合作形式将更容易受到约束,进而制约区域的自主创新。而制度环境在其中发挥怎样的调节作用呢?市场化程度揭示了市场在经济互动中占据主导地位,开放性和自由性是其典型特点,在这一背景下人力资本和智力资本将在开放互动中得以提升,进而促进自主创新的实现,而缺乏严格管控的市场化将不利于形成互信互惠的社会资本,进而削弱社会资本在自主创新中的积极作用。法制化程度体现了良好的社会秩序和规范的互动规则,这将促使社会资本的形成和自主创新的实现,而严苛的规制将无法满足人力资本和智力资本对能动性和流动性的需求,这将阻碍自主创新能力的提升。适宜的经营环境将激发经济行为和增加竞争压力,更具直观经济价值的智力资本将得到关注,其积极效用在经营过程中得到放大,人力资本和社会资本因其价值潜在性而备受冷落,其促进作用在竞争压力中受到限制。行政垄断程度体现了地域界限和自我保护,出于提升地区未来竞争力的目的而积极开发人力资本和智力资本,传递其对自主创新的积极效用,由于人为阻隔而阻碍社会资本的形成,同时也制约了其对自主创新的促进作用。在以创新网络结构为中介变量的模型中,引入制度环境因素后,其所发挥的有中介的调节效应未得到统计上显著性,这可能是因为地区创新网络为协同资本互动和积累搭建了有利环境和适宜氛围,而这一以创新为核心的网络结构在创新主体与外界环境之间形成了一个保护层,使其较少受到制度因素的干预与影响,因此当以创新网络结构为中介变量时,该模型不具有有中介的调节效应。

(二)制度环境对运作机制的保障功效

在以官产学研合作作为中介变量的模型中,纳入制度环境影响后,协同资本一方面对区域自主创新能力发挥显著正向作用,另一方面借助官产学研合作来传递其所具有的影响,官产学研合作在协同资本作用于区域自主创新能力机制中具有部分中介作用。人才在信任氛围中充分共享与传递知识,既能带来自主创新能力的提升,又能在动态合作过程中放大其积极效用。在官产学研合作模式中,官学合作、产学合作和官研合作将对区域自主创新传递正向力量,官产合作和产研合作将对自主创新能力投射消极信号。在制度环境影响下地区因关注自主性的努力,政府更加注重对自主创新的引导,因而会加强政府与高校、研究机构之间的合作,因关注内部价值的开发,政府更加重视创新成果的转化,因而会强化企业与高校之间的合作,这些都将有助于地区自主创新能力的提升和效果的实现。然而,在创新主体合作方式中,政府与企业之间的合作,企业与研究机构之间的互动将行为引向速成化和效益化方向，这无疑不利于自主创新能力的持续培育。在官产学研合作影响自主创新能力的过程中，制度环境具有显著的调节作用。市场化是市场经济发展的产物，市场化程度越高，市场主体互动越频繁与深入，这将会强化政府与高校及企业之间的合作，引导高校与企业之间的互动，进而激发地区自主创新的潜能。而市场化情境将会掩盖研究机构的重要作用，研究开发的特性阻碍了政府与研究机构之间、企业与研究机构之间的合作与交流，这将不利于自主创新能力的改进。法制化是社会有序运行的前提，法制化程度越高，互动行为越有法可依，创新主体之间的合作将更规范与有保障，因此企业、高校、政府、研究机构之间的通力合作将促进自主创新目标的实现，而在法制化过程中政府与高校之间尚未寻找到最合适和有效的互动机制，因而尚未能够激发其对自主创新能力的应有功效。经营环境和行政性垄断与官产合作、产研合作交互项促进自主创新能力提升，并且其与官学合作、产学合作、官研合作交互项阻碍自主创新能力发展。经营环境是激发竞争的因素，行政性垄断是限制竞争的手段，在两者共同作用下，通过政府与企业、研究机构与企业之间的合作而实现竞争的合理引导和成果的有效转化，这将有助于区域的自主创新，而在引导和规范竞争的情境下，作为管理实体的政府，作为竞争实体的企业，如何与高校和研究机构实现充分合作是一个亟待权衡和解决的难题，这一困惑将削减合作对自主创新的积极作用。

在以创新网络为中介变量的模型中，纳入制度环境影响后，协同资本对区域自主创新能力具有积极影响，只是社会资本不再具有统计上的显著性，这表明人力资本和智力资本既能单独促进自主创新，又能通过创新网络的作用而间接影响自主创新，创新网络在其中发挥部分中介作用。社会资本对自主创新能力必须借助创新网络方能发挥其积极功效，创新网络在其中发挥完全中介作用。在创新网络充当中介变量的过程中，通过放大与强化经由它的协同资本的促进作用而积极影响自主创新能力。在创新网络传递协同资本积极功效的过程中，市场化程度与创新网络结构交互项负向影响自主创新能力，法制化程度、经营环境、行政性垄断与创新网络结构交互项正向影响自主创新能力。这是因为市场化程度越高，竞争越激烈，经济驱使和功利行为将会扰乱创新网络结构，将不利于地区自主创新能力的培育与维持。而法制化程度越高，经营环境越好，表明市场秩序越有序，交易行为越规范，将能够巩固创新网络的形成与稳定，此外行政性垄断程度越高，对市场主体规制越多，这也能加牢创新网络的联系与结构，这些都将有助于强化对自主创新能力的积极作用。检验结果见下图，虚线未获验证，因篇幅所限省略实证数据，如需请索取。

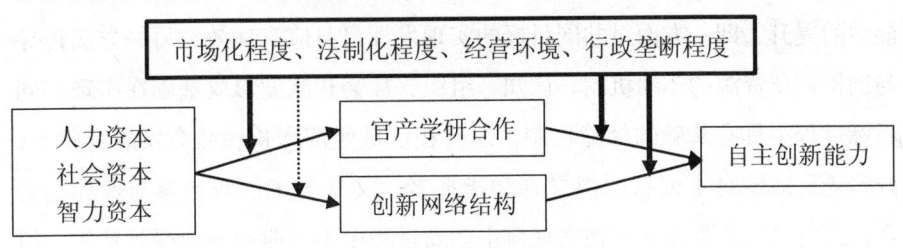

图 3-5 制度环境视角假设检验结果

第五节　结论与总结

区域协同资本对自主创新能力具有正向驱动机制，在此过程中官产学研合作、创新网络结构的运作机制呈现了重要的中介效应。在协同资本直接作用于区域自主创新以及借助网络互动而间接影响自主创新能力之时，形成基础（财政分权、官员特征、腐败程度、制度环境）的保障机制发挥了有中介的调节效应和有调节的中介效应。在研究中已经验证过的作用路径见图所示，政府分权度对参与主体和网络结构发挥有中介的调节效应，对参与主体发挥有调节的中介效应；腐败程度对创新网络发挥有中介的调节效应和有调节的中介效应；官员特征对参与主体和网络结构发挥有中介的调节效应，对参与主体发挥有调节的中介效应；制度环境对参与主体发挥有中介的调节效应，对参与主体和网络结构发挥有调节的中介效应。

综上所述，自主创新共同体运行机制是区域积淀与累积的协同资本，是实现自主创新能力提升共同目标的重要创新资源，其对共同目标具有直接和间接两种驱动机制，直接驱动机制表现为创新资源积累对自主创新能力提升的激励，间接驱动机制表现为创新资源经由参与主体和网络结构来传导其对共同目标的积极影响。区域自主创新共同体参与主体和网络结构具有独特的运作机制，官产学研合作和创新网络反映了其所拥有的合作形式和网络结构，将展现其互动模式、创新潜力和实现可能，这无疑会影响地区自主创新能力的提升，即一方面对共同目标的实现发挥自身应有功效，另一方面传导与助推创新资源的驱动机制。认知、组织、社会和制度形成基础在实现共同目标过程中具有基础的保障机制，地区在区域经济增长和社会发展背景下，政府既是区域自主创新的倡导者和指挥者，又是自主创新的参与者和相关者，其特殊角色致使区域在实现自主创新过程中不可避免地会受到认知、组织、社会和制度的影响。在区域自主创新能力形成过程中，政府分权度、腐败程度、官员特征和制度环境在其中发挥重要且独特的调节作用，既能在协同资本途经参与主体和网络结构的过程中产生影响，又能在参与主体和网络结构向自主创新能力实现作用传递之际产生影响。

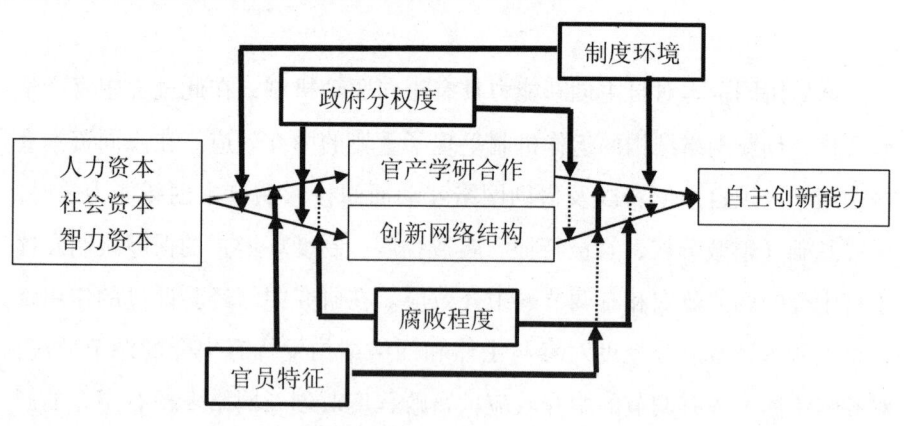

图3-6 区域自主创新共同体运行机制研究结论

第四章

区域自主创新的知识溢出效应与经济增长路径

不同区域因资源禀赋、技术基础、互动效果上的差异性而形成各具特色的自主创新能力，地区对自主创新能力的重视与追求是受到其未来的经济效益和潜在的社会影响所驱动。在厘清区域自主创新能力形成机制基础上，深入挖掘区域自主创新能力的影响机理，区域自主创新能力如何促进经济增长，如何实现知识溢出，以此系统探究区域自主创新能力所隐含的经济性效益和社会影响力。因此，分析区域自主创新能力与经济增长的耦合响应关系，将自主创新能力置于区域知识溢出模型中，研究区域自主创新对经济增长的知识溢出效应。

第一节 区域自主创新与经济增长的耦合响应关系

近年来，随着全球化趋势加速推进，经济竞争日趋激烈，知识经济广泛盛行以及由此带来的自主创新战略地位重要性凸显，自主创新与经济增长、社会发展的作用关系和关联程度已经成为学术界研究的热点之一。大量研究证实，创新尤其是自主创新是经济发展的核心动力，但对于自主创新能力与经济增长之间的互动规律、耦合关系和响应程度的研究较为缺乏，尤其是从全国层面宏观掌控区域自主创新能力与经济增长之间的演化路径更为欠缺。因此，以自主创新能力与经济增长的互动演化规律为主线，探究自主创新能力对经济发展的耦合状态和响应程度，解释中国区域自主创新能力对经济增长的影响程度和驱动方式。

一、自主创新与经济增长互动演化规律

区域自主创新能力与经济增长之间的关系呈现相互作用和动态演化的特点，自主创新能力是区域经济发展的原始动力和智力支撑，而区域经济增长是自主创新能力的内在驱动和基础平台。无论是自主创新还是经济发展都以区域为界限而彰显整体性和系统性，在整体视角下自主创新与经济增长是融为一体且相互作用的，在系统范围内自主创新与经济增长是动态演化且持续发展的。

在区域自主创新能力形成初期，创新活动较少、创新水平较低，自主创新效果微弱，对经济发展影响较小，而较低的经济期望将限制自主创新的开发，此时区域自主创新能力与经济发展之间相互作用程度较弱；在区域自主创新能力成长时期，重视自主创新和强调创新产出，以推动经济增长和社会发展，尤其是对自主创新的激发既促进了经济繁荣，也打破了经济与技术之间的平衡状态，自主创新能力对经济增长产生明显的胁迫效应，导致对技术的过量投入和疯狂追求，而忽视了地区特有的技术特征和知识基础。当区域自主创新能力的建设速度大于失衡系统恢复速度时，将造成区域经济开发所拥有的技术承载力相对下降，甚至达到区域技术承载的极限范围，此时经济发展系统对区域自主创新能力产生循环反馈的约束效应。当区域自主创新能力对经济增长水平的胁迫影响到达极限阈值时，两者之间的互动演化存在三种可能路径：第一，在不及时采取有效措施的情况下，随着区域自主创新强度的增长，经济—技术系统进一步失衡和恶化，越过技术承载极限，技术创新与经济演化走向无序且不可持续发展之路；第二，通过采取一定应对措施，确保区域自主创新发展导致的经济—技术系统失衡程度保持在相对稳定状态，但始终处于较高水平，经济—技术系统将持续承受较大压力，虽不至严重恶化也需要付出代价；第三，及

时采取有力举措促使区域自主创新与经济发展持续均衡和优化演变,逐渐减弱自主创新增长对经济发展水平的胁迫程度,直至回归到技术承载能力范围之内。当这一趋势继续发展,将致使区域自主创新与经济发展之间形成U型曲线的演化轨迹。随着区域自主创新能力的提升,将促进经济发展水平的提高,区域自主创新开发与经济有序增长之间实现良性互动和持续发展。

简言之,在区域自主创新与经济发展相互作用的系统中,对技术投入力度和开发程度的合理把握,以及积极采取有效措施应对自主创新的胁迫影响,将促进区域自主创新与经济水平之间依托相互作用而向着平衡化和协调化方向演进。如果忽视地区技术基础和承载能力,并且消极面对经济—技术系统失衡状态,将会给自主创新和经济发展带来负面影响和严重破坏。当前中国处于区域自主创新起步阶段,区域技术水平提升和创新激励政策涌现,使创新成效日益凸显,以及经济水平飞速发展。在资源投入加大和经济激励强化的背景下,区域自主创新将步入快速增长阶段,而由此引发的技术承载能力下降和经济系统发展失衡的问题将慢慢出现。由于区域自主创新与经济发展之间相互影响和互相制约的关系将长期存在,本研究将定量测评区域自主创新能力与经济增长水平之间的耦合关系,揭示区域自主创新与经济发展之间的响应程度,以此为中国未来协调发展区域自主创新与经济水平提供理论支撑。

二、模型构建与理论解析

(一) 区域自主创新与经济增长的耦合度模型

耦合分析是以系统论方式全面分析变量之间的协同演变,涵盖发展与协调两个维度,前者体现系统从低级到高级的发展和从简单到复杂的演变,后者强调系统之间和内部要素之间的匹配配合与协同发展的程度,因此系统的耦合关系是由发展和协调整合而成,发展维度侧重纵向提升,协调维度注重横向关联。本研究所关注的是区域自主创新能力与经济增长之间交互作用的程度和耦合关系的特征,一方面能够揭示区域自主创新能力与经济增长之间的协调程度,一方面能够展现其耦合程度对区域经济—技术系统有序发展的贡献力度。参照逯进、周惠民(2013)的研究成果,构建区域自主创新能力与经济增长耦合度模型,其计算公式为:

$$D = \sqrt{C \cdot T} \quad (1)$$

$$T = \lambda f(x)^{\theta} g(y)^{1-\theta} \quad (2)$$

$$C = \frac{4f(x)g(y)}{[f(x) + g(y)]^2} \quad (3)$$

公式中 D 为区域自主创新能力与经济增长的耦合度,T 为发展度维度,C 为协调度维度,$f(x)$ 为区域自主创新能力指数,$g(y)$ 为区域经济增长指数。λ 为外生参量,θ 和 $1-\theta$ 分别表示区域自主创新能力与经济增长子系统的产出弹性,反映两者相对于总系统而言的重要程度。结合自主创新能力与经济发展水平相互关系及其在耦合系统中的作用,设定 $\theta=0.5$,以此表示对于区域系统而言自主创新与经济发展具有相同重要性。耦合度评判标准见表 4-1 所示。

表 4-1 耦合度判别标准及划分类型

负向耦合（失调发展）		正向耦合（协调发展）	
D 值	类型	D 值	类型
0.00 - 0.09	极度失调衰退	0.50 - 0.59	勉强协调发展
0.10 - 0.19	严重失调衰退	0.60 - 0.69	初级协调发展
0.20 - 0.29	中度失调衰退	0.70 - 0.79	中级协调发展
0.30 - 0.39	轻度失调衰退	0.80 - 0.89	良好协调发展
0.40 - 0.49	濒临失调衰退	0.90 - 1.00	优质协调发展

(二) 区域自主创新与经济增长的响应度模型

在耦合度分析基础上,深入挖掘区域自主创新能力与经济增长之间的响应度,以测量区域自主创新能力对经济发展水平的影响特征和作用程度。区域自主创新与经济增长响应度模型由响应指数模型和响应度模型组成，前者揭示区域自主创新能力对经济增长的影响特征与变化趋势，后者反映区域自主创新能力对经济增长的影响程度和作用力度。参照刘艳军等（2013）的研究，构建区域自主创新与经济增长响应度模型，其计算公式为：

$$I = \frac{df(x)}{dg(y)} \cdot \frac{g(y)}{f(x)} \quad (4)$$

$$V = |I| \quad (5)$$

公式中，I 为区域自主创新能力与经济增长响应指数，是自主创新能力对经济增长的导数和经济增长与自主创新能力之商的乘积；V 为区域自主创新能力与经济增长响应强度，是响应指数的绝对值。响应度评判标准见表 4-2 所示。

表 4-2 响应度判别标准及划分类型

I 值	响应类型	I 与 V 关系	I 值变化	表示含义
$I>0$	正响应	$V=I$	I 增大	区域自主创新能力增长促进经济发展且程度增大
			I 不变	区域自主创新能力增长对经济水平影响程度不变
			I 减小	区域自主创新能力增长促进经济发展且程度减小
$I=0$	无响应	$V=I=0$		区域自主创新能力增长对经济水平变化无影响
$I<0$	负响应	$V=-I$	I 增大	区域自主创新能力增长导致经济水平下降且程度减小
			I 不变	区域自主创新能力增长对经济水平的影响程度不变
			I 减小	区域自主创新能力增长导致经济水平下降且程度增大

三、指标体系与数据处理

(一) 指标体系

在参照众多学者研究成果的基础上,综合权衡数据代表性和可获得性,对区域自主创新能力和经济增长的内涵和外延进行细致界定。基于此,采用 Malmquist 指数法计算全要素生产率(TFP)以反映地区经济发展情况,采用方法集化的动态组合评价方法测量区域自主创新能力。其中,对区域自主创新能力的测量参照徐林明等(2014)所设计的指标体系和评价方法。对区域经济增长的测算是以各地区的实际地区生产总值作为产出变量,以实际固定资本存量和年平均从业人员数作为投入变量,运用 DEAP 2.1 软件中的 Malmquist 指数法计算全要素生产率(TFP),并将其分解为技术效率(EC)和技术进步(TC)。

表 4-3 区域自主创新能力与经济增长指标体系

区域自主创新能力	自主创新投入	人力投入、财力投入
	自主创新产出	专利、课题、科技论文发表、经济发展水平、创新产品产出
	技术转移(扩散)能力	技术市场交易、技术获取和改造、外国投资、科技合作
	自主创新支撑能力	创新载体、劳动者素质
经济增长	产出	实际地区生产总值
	投入	实际固定资本存量、年平均从业人员数

(二) 数据处理

将实际的地区生产总值作为产出维度,将实际固定资本存量和年平均从业人员数作为投入维度,运用数据包络分析法计算地区全要素生产率。其中,以各地区居民消费价格指数平减地区生产总值,换算成 1995 年不变价的实际地区生产总值。参照蔡伟毅等（2010）的方法，将各地区上年末从业人员数与本年末从业人员数简单平均得到各地区年平均从业人员数。地区实际固定资本存量采用永续盘存法来计算，计算公式为：$K_{it} = K_{it-1} \times (1-\delta_t) + I_{it}$，其中 i 为第 i 个省区，t 为第 t 年。计算固定资本存量需要注意以下四点：第一，将各地区固定资产投资价格指数折算成1995年不变价；第二，用各地区不变价的固定资产投资价格指数对历年固定资产投资额进行平减，以此确定当年投资的固定资本流量（I）；第三，参照张军（2004）的计算结果，将各省固定资本形成总额的经济折旧率（δ）设定为9.6%；第四，采用张军等（2004）计算的各省实际固定资本存量数据，并用固定资产投资价格指数折算到基期为1995年，以此作为基年固定资本存量。

从我国TFP平均水平上看，2006—2013年全国TFP平均增长率为-0.64%，表明在这一阶段我国经济已经从飞速增长转向常态化发展，这与《中国宏观经济运行报告（2013—2014）》中的研究结论相一致，报告指出中国经济由"高速"向"次高"转换，尤其是2008年体现为危机冲击下的有效需求不足而致使经济短期周期性下滑。全国TFP下滑是由技术进步所导致的，与此同时技术效率在一定程度上助力TFP的增长，刚好验证了颜鹏飞和王兵（2004）、赵伟（2005）等的研究结论，全要素生产率的提升是由技术效率的改进所引起的。而对于技术退步，何元庆（2007）认为原因在于我国在经济体制转轨过程中未能充分利用先进生产设备，也未能将其与劳动力有机结合。从地区TFP波动情况来看，参照杨光等（2015），将地区TFP波动性定义为生产增长率分布的标准差，相对而言，地区TFP波动性最大的地区是内蒙古、河北、吉林、黑龙江、河南、广西，这是这些地区在资源匮乏、基础薄弱与加快发展、加大努力综合作用之下的结果，此外波动性最大的时间是2006年、2013年和2012年，这与2006年提倡自主创新，2012年、2013年强调经济常态化发展不谋而合。

参照徐林明等（2014）设计的指标体系和评价方法得出区域自主创新

能力，我国东部和南部地区在自主创新能力上具有明显优势，较为稳定和平衡，中部地区自主创新实力相当且有后劲，北部和西部地区差异明显且大多低于全国平均水平。由此可见，区域自主创新能力与禀赋状况和经济实力密不可分，东部和南部地区在良好禀赋和充裕经济的影响下，其对自主创新能力开发和活动开展上将拥有更多机会；资源匮乏和投入缺失的西部和北部地区自主创新实力薄弱且不均衡；中部地区介于两者之间，具有一定自主创新能力和可观的提升空间。

四、自主创新与经济增长的耦合与响应

（一）区域自主创新与经济增长的耦合度

应用之前所述公式计算区域自主创新能力与经济增长的系统耦合度，结果表明：

第一，从全国整体上看，在2006—2013年自主创新能力与经济增长耦合度的全国总体均值为0.48，两者之间呈现濒临失调衰退关系，其耦合发展程度较低，未来需要同时兼顾自主创新与经济发展，不可偏废其一，需要重视自主创新的经济价值和核心作用，需要强调经济建设的创新驱动战略和创新探索路径。在八年期间，全国均值在0.46~0.51波动，表明当前仍在积极探索自主创新与经济增长之间有效的协同发展模式。

第二，从区域时序上看，仍然与全国规律一致，自主创新能力与经济发展之间协同耦合程度一直处于微调与摸索状态。东部、东北、中部、西部地区耦合度分别从0.62、0.33、0.30、0.48波动至0.62、0.38、0.28、0.45，东北地区增幅最高，东部、西部次之，中部地区增幅最小，不同区域在微调过程中均呈现上升趋势。其中东部地区基础扎实，一直处于初级协调发展状态，八年间从0.59波动至0.66，虽然增幅不大，但实现了从勉强协调发展向初级协调发展质的飞跃。东北地区增幅最大，从0.33波动至0.42，即使仍处于失调状态，但已经从轻度失调衰退发展为濒临失调衰退，同时势头较为强劲且前景可观。西部地区在八年期间从0.45波动至

0.52，尝试从濒临失调衰退转变为勉强协调发展状态，只是耦合关系暂不牢固。中部地区一直在轻度失调衰退状态徘徊且增幅不大，后续需要注入激励因素以发挥自主创新的积极功效。

第三，从省域差异上看，省际之间系统耦合度存在明显差异，自主创新与经济增长耦合程度最高的省份是广东和江苏，属于优质协调发展状态，北京次之，是良好协调发展状态，接下来是上海，是中级协调发展状态，不难发现这些耦合情况较好的地区均处于我国东部，地理位置和经济实力是在自主创新与经济增长之间建立良好耦合关系的基础与前提。在省际之间，属于初级协调发展的地区有海南、青海和宁夏，属于勉强协调发展的地区有山东、浙江、贵州、内蒙古、新疆，以上地区自主创新能力与经济发展之间能够有效耦合与积极互动。目前已经实现协调发展的省份共12个，尚未达到全国省份一半规模，表明我国未来需要付出更多努力以使自主创新与经济发展之间实现良性循环与相互促进。与此同时，属于濒临失调衰退的地区有甘肃、云南、重庆、广西、吉林、山西、江西，轻度失调衰退的省份有辽宁、黑龙江、安徽，属于中度失调衰退的省区有天津、河北、福建、河南、湖北、湖南、四川、陕西，这些地区自主创新能力与经济增长之间尚未实现协调发展与强化循环。当前仍属耦合失调的省份共计18个，占比达60%，大多位于东北部、中部以及西部部分地区，尤其是东北部和中部已经形成了失调衰退的连绵地带。此外，我国不存在严重失调衰退和极度失调衰退的省份，意味着在我国省区自主创新能力与经济增长之间耦合关系失调程度尚不严重，是可以通过规范调整而实现有效转变的。

表4-4 区域自主创新能力与经济增长系统耦合度

地区	2006	2007	2008	2009	2010	2011	2012	2013	均值	耦合程度
北京	0.9103	0.8963	0.8953	0.8792	0.8843	0.8670	0.8815	0.8785	0.89	良好协调发展
天津	0.1778	0.0347	0.2437	0.3031	0.4359	0.4348	0.359	0.2232	0.28	中度失调衰退
上海	0.8740	0.7828	0.7653	0.8311	0.7811	0.7727	0.7763	0.7365	0.79	中级协调发展
河北	0.3161	0.169	0.0657	0.1842	0.2235	0.437	0.5223	0.3061	0.28	中度失调衰退

续表

地区	2006	2007	2008	2009	2010	2011	2012	2013	均值	耦合程度
山东	0.5953	0.6131	0.5979	0.6135	0.5895	0.5369	0.5203	0.6029	0.58	勉强协调发展
江苏	0.8990	0.9501	0.9022	0.9857	0.9493	0.9685	1.0057	1.0316	0.96	优质协调发展
浙江	0.6315	0.6205	0.629	0.5651	0.4882	0.5360	0.5783	0.611	0.58	勉强协调发展
福建	0.1923	0.2812	0.3035	0.2525	0.3873	0.3322	0.3182	0.2683	0.29	中度失调衰退
广东	0.9733	0.9873	0.9489	0.9688	0.9529	0.9505	0.9551	0.9604	0.96	优质协调发展
东部	0.62	0.59	0.59	0.62	0.63	0.65	0.66	0.62	0.62	初级协调发展
辽宁	0.4084	0.4045	0.4004	0.4405	0.1719	0.0878	0.2858	0.3896	0.32	轻度失调衰退
吉林	0.3534	0.4130	0.4398	0.4115	0.4927	0.5844	0.5789	0.4376	0.46	濒临失调衰退
黑龙江	0.2397	0.3182	0.3690	0.2425	0.4258	0.4743	0.3918	0.2986	0.35	轻度失调衰退
东北	0.33	0.38	0.40	0.36	0.36	0.38	0.42	0.38	0.38	轻度失调衰退
河南	0.24	0.1914	0.2388	0.2808	0.1192	0.1077	0.3593	0.0840	0.20	中度失调衰退
山西	0.3855	0.4279	0.4194	0.3017	0.4799	0.5202	0.4851	0.3777	0.42	濒临失调衰退
湖北	0.2138	0.231	0.2549	0.1937	0.0453	0.141	0.2248	0.3125	0.20	中度失调衰退
湖南	0.2652	0.2460	0.0858	0.2343	0.2235	0.1534	0.2253	0.3228	0.22	中度失调衰退
安徽	0.2895	0.3226	0.4100	0.3190	0.3672	0.2881	0.1756	0.1910	0.3	轻度失调衰退
江西	0.4208	0.3981	0.4193	0.4615	0.5121	0.4967	0.4068	0.404	0.44	濒临失调衰退
中部	0.30	0.30	0.30	0.30	0.29	0.28	0.31	0.28	0.30	轻度失调衰退
内蒙古	0.5346	0.549	0.5408	0.5482	0.4239	0.4971	0.6215	0.4374	0.52	勉强协调发展
广西	0.464	0.4598	0.4426	0.3543	0.4328	0.4198	0.575	0.4429	0.45	濒临失调衰退
海南	0.6062	0.6082	0.5788	0.5891	0.6296	0.6223	0.6020	0.5523	0.6	初级协调发展
重庆	0.3932	0.4553	0.4399	0.5269	0.4660	0.3915	0.4022	0.3281	0.43	濒临失调衰退
四川	0.1811	0.3187	0.2411	0.296	0.2267	0.2513	0.3277	0.4271	0.28	中度失调衰退
贵州	0.5453	0.5449	0.5405	0.5661	0.5632	0.552	0.5571	0.4931	0.55	勉强协调发展
云南	0.4525	0.463	0.5154	0.4513	0.4423	0.4659	0.4519	0.4129	0.46	濒临失调衰退
陕西	0.2985	0.2720	0.0367	0.3062	0.2205	0.3055	0.3221	0.1658	0.24	中度失调衰退
甘肃	0.5272	0.5060	0.4595	0.4355	0.5181	0.5014	0.4879	0.4491	0.49	濒临失调衰退
青海	0.6194	0.6183	0.6074	0.582	0.6267	0.6439	0.6578	0.5957	0.62	初级协调发展
宁夏	0.5981	0.6109	0.5598	0.6107	0.6270	0.6629	0.6431	0.6083	0.62	初级协调发展
新疆	0.5818	0.5468	0.5630	0.5175	0.6293	0.6035	0.5634	0.5065	0.56	勉强协调发展
西部	0.48	0.50	0.46	0.48	0.48	0.49	0.52	0.45	0.49	濒临失调衰退
全国	0.4729	0.4747	0.4638	0.4751	0.4779	0.4869	0.5087	0.4619	0.48	濒临失调衰退

<<< 第四章 区域自主创新的知识溢出效应与经济增长路径

图4-1显示中国省区自主创新能力指数、经济增长指数及其耦合度在八年期间均值分布情况。首先，从曲线波动幅度上看，中国区域自主创新能力指数波动性最大，这表明自主创新能力在不同省区之间差距明显，自主创新能力指数曲线上升区域均集中在东部地区，相对而言东部地区自主创新能力优势明显。其次，从曲线波动趋势上看，三条曲线波动特征大致相似，耦合曲线相较于自主创新能力指数曲线更加平稳一些，这说明经济增长子系统和区域自主创新能力子系统共同决定了省区的系统耦合度，任一子系统的低效状态和两个子系统的失调状态均会反映在其耦合程度上。并且自主创新指数曲线和经济增长指数曲线交叠发展，有些地区自主创新指数曲线高于经济增长指数曲线，有些地区经济增长指数曲线高于自主创新指数曲线，表明中国省区自主创新能力提升和经济建设是处于相互促进和你追我赶的状态。

逯进等（2013）演绎了人力资本与经济发展之间拥有欠发达阶段和发达阶段两种不同耦合跃迁模式。最后，参照其思路，从曲线整体特征上看，东部地区省份处于自主创新能力与经济增长的双高区域，同时也具有较高的系统耦合度，这说明东部地区经济发展势头强劲，自主创新能力扎实，两者之间在积极互动和相互促进，这些地区在耦合点跃迁过程中结束了欠发达阶段，而开启了相对发达阶段，此时应该注重自主创新子系统对综合系统协调发展的促进作用。东北地区和中部地区大部分处于两个子系统指数双低区域，同时系统耦合度均为失调衰退，这表明尽管中部崛起和东北振兴计划促进了区域经济的发展，但重要资源匮乏和技术基础薄弱的地域特征导致经济增长的同时未能摆脱自我发展能力不足的困境，它们处于欠发达阶段且未到达点，今后应该注重经济增长子系统对综合系统协调演进的推动作用。西部地区分布具有较大异质性，除了海南、青海、宁夏、新疆外其他地区均处于失调衰退状态。尽管经济得到一定发展，但自主创新能力上的欠缺阻碍了系统有效耦合，此时该区域处于欠发达阶段，已经到达点,未来应该注重自主创新能力提升和经济结构调整,同时促进两个子系统协同发展。综上所述,不同省份依据其系统状态不同而选择差异化的耦合跃进模式,东部地区应注重自主创新能力子系统的促进作用,而东北和中部地区应注重经济增长子系统对总系统的积极作用,西部大部分地区应注重自主创新和经济增长两个子系统的协同作用。

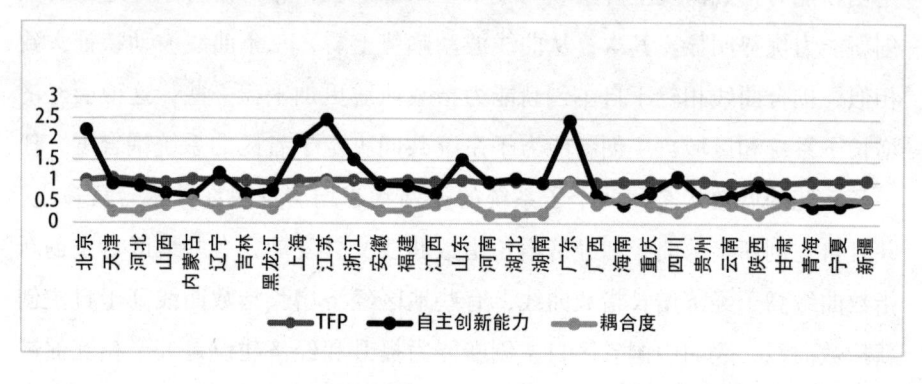

图 4-1 区域自主创新能力、经济增长及耦合度分布

(二) 区域自主创新与经济增长的响应度

基于公式 (4) 和 (5),利用 SPSS 13.0 对 2006—2013 年中国区域自主创新能力指数 $f(x)$ 与经济增长指数 $g(y)$ 进行曲线估计和拟合,得出两者的最优响应函数方程:

$$g(y) = 1.055 - 0.167f(x) + 0.144f(x)^2 - 0.033f(x)^3 \quad (6)$$

该响应函数为三次曲线方程,且通过显著性检验,曲线拟合效果较好。进一步求导得到:

$$\frac{dg(y)}{df(x)} = -0.167 + 0.288f(x) - 0.099f(x)^2 \quad (7)$$

将公式 (6) 和 (7) 代入 (4) 和 (5),计算 2006—2013 年中国区域自主创新能力的经济增长水平响应指数 I 及响应度 V。结果表明:

第一,从全国总体上看,八年期间区域自主创新能力对经济增长始终表现出负响应特征,同时响应指数不断增加,从 -0.0069 增长到

-0.0063。这表明这一时期区域自主创新能力对经济增长产生了微弱的胁迫影响，但影响程度却是在不断减小的。自主创新能力是中国在激烈竞争中获取核心优势的关键所在，但在大力倡导自主创新的同时，关注支撑自主创新的基础要素，提升自主创新与区域特征的匹配程度和适宜程度，方能充分发挥自主创新对经济增长的积极效用，否则其胁迫影响将阻碍其对经济增长的促进作用。

第二，从区域时序上看，东部地区自主创新能力对经济增长产生负响应，区域自主创新将抑制经济发展，并且影响程度存在增大趋势。这说明在经济实力强劲和创新能力扎实的东部地区，虽然区域自主创新能力与经济增长之间存在初步协调发展的系统耦合关系，但却同时出现胁迫影响的迹象，即在同时大力开展自主创新和经济建设的背景下，自主创新可能会挤占或约束经济增长。因此，东部地区未来需要更加关注自主创新与经济发展之间的平衡，采取有效措施引导和激发自主创新对经济发展的促进作用。西部地区自主创新能力对经济发展也存在胁迫影响，但其负响应程度在缓慢减小。西部地区在自主创新与经济发展耦合关系处于濒临失调衰退状态，两者之间未达耦合状态，失调关系将引发其胁迫效应产生，但其胁迫程度处于不断下降趋势。因此，西部地区今后需要加强自主创新与经济增长之间的良性协同发展，并日趋弱化其胁迫影响的消极后果。东北地区和中部地区自主创新与经济增长之间均呈现正响应特征，并且影响程度不断增大。这意味着这些地区在区域自主创新能力与经济发展的耦合关系处于轻度失调衰退状态，自主创新的积极作用尚未充分发挥出来，提升区域自主创新能力将会带来经济的增长，自主创新能力正向响应经济发展，同时由于这些地区自主创新能力具有较大提升空间，其正响应程度也将得到持续增大。

第三，从省域差异上看，区域自主创新能力对经济增长具有正响应特征的地区有天津、上海、河北、山东、浙江、福建、辽宁、河南、湖北、湖南、安徽、四川、陕西，共计13个省份，未达到全国省份的一半，我国大部分省份的自主创新能力对经济发展产生一定胁迫压力。面临自主创新能力胁迫效应的省份集中在西部地区和东北地区，而中部和东部部分省份也受到了胁迫影响，例如广东和江苏，这两个地区拥有最好的区域自主创新与经济增长协调耦合状态，因为地处有利位置，拥有丰富资源、充足资金和先进技术，无论是在自主创新还是在经济建设上均走在中国省区前列，作为领军地区同时也是最先感受到胁迫压力的。简言之，区域自主创新能力与经济发展之间存在着复杂的相互关系，一方面能够通过耦合实现良性协调发展，另一方面受到胁迫压力制约功效发挥。因此，中国未来在区域自主创新能力培育上除了投入创新资源和技术支持之外，还需要更加关注与自主创新相关的方方面面，创新基础平台的搭建、创新资源共享的实现、创新原创技术的开发、创新主体互动的畅通以及创新活动有序的展开都是减弱其胁迫影响的有效举措。

表4-5 区域自主创新能力与经济增长响应指数

地区	2006	2007	2008	2009	2010	2011	2012	2013	均值	响应类型/程度
北京	-0.0608	-0.0493	-0.0357	-0.0423	-0.0461	-0.0266	-0.0132	-0.0079	-0.035	负-下降-减小
天津	0.0199	0.0211	0.015	0.0104	0.0103	0.0102	0.0124	0.0135	0.014	正-上升-减小
上海	-0.0284	0.0261	0.0452	0.0098	0.0241	0.0464	0.0621	0.0604	0.0307	正-上升-增大
河北	0.0022	0.0148	0.0155	0.0186	0.0162	0.0026	0.0028	0.0032	0.0095	正-上升-增大
山东	0.0635	0.0649	0.0629	0.0661	0.0624	0.0579	0.0554	0.0654	0.0623	正-程度不变
江苏	-0.0528	-0.1199	-0.0467	-0.1858	-0.1354	-0.1744	-0.2308	-0.2779	-0.153	负-下降-增大
浙江	0.0618	0.0629	0.0648	0.0620	0.0553	0.0589	0.0626	0.0662	0.0618	正-上升-增大
福建	0.0129	0.0079	0.0043	0.0125	0.0078	0.0132	0.0101	0.01	0.0098	正-上升-减小
广东	-0.1551	-0.1850	-0.1018	-0.1429	-0.1308	-0.1282	-0.1238	-0.1062	-0.134	负-下降-减小
东部	-0.015	-0.017	0.0026	-0.0213	-0.0151	-0.0156	-0.0180	-0.0193	-0.015	负-下降-增大
辽宁	0.0449	0.0462	0.0455	0.0503	0.0322	0.0316	0.0393	0.0427	0.0416	正-上升-减小
吉林	-0.0093	-0.0095	-0.0102	-0.0075	-0.0119	-0.0103	-0.0113	-0.0140	-0.011	负-下降-增大
黑龙江	0.0094	-0.0015	-0.0038	-0.0038	-0.0023	-0.0053	-0.0045	-0.0059	-0.002	负-下降-减小
东北	0.015	0.0117	0.0105	0.013	0.006	0.0053	0.0078	0.0076	0.0095	正-上升-增大
河南	0.0261	0.0215	0.0254	0.0215	0.0174	0.0220	0.0159	0.0197	0.0212	正-上升-减小
山西	-0.0094	-0.0091	-0.0087	-0.0066	-0.0086	-0.0113	-0.0101	-0.0107	-0.009	负-下降-增大
湖北	0.0276	0.0297	0.03185	0.0263	0.0269	0.0225	0.0301	0.0318	0.0283	正-上升-增大

续表

地区	2006	2007	2008	2009	2010	2011	2012	2013	均值	响应类型/程度
湖南	0.0078	0.011	0.019	0.0112	0.0159	0.018	0.0296	0.0332	0.0182	正－上升－增大
安徽	0.0039	0.0019	0.0451	0.0024	0.0054	0.0106	0.0182	0.0218	0.0137	正－上升－增大
江西	－0.0096	－0.0069	－0.0086	－0.0101	－0.0105	－0.0111	－0.009	－0.0079	－0.009	负－下降－减小
中部	0.0077	0.0080	0.0173	0.0075	0.0078	0.0086	0.0125	0.0147	0.0106	正－上升－增大
内蒙古	－0.0183	－0.0178	－0.0165	－0.0154	－0.0029	0.0022	－0.0164	－0.0215	－0.013	负－下降－增大
广西	－0.0145	－0.0154	－0.016	－0.0149	－0.0119	－0.0084	－0.0105	－0.0119	－0.013	负－下降－减小
海南	－0.0258	－0.0260	－0.0267	－0.0269	－0.0249	－0.0257	－0.0262	－0.0287	－0.026	负－程度不变
重庆	－0.0115	－0.0138	－0.0109	－0.0076	－0.0055	0.0041	－0.0018	－0.0002	－0.006	负－下降－减小
四川	0.0266	0.0369	0.0290	0.0331	0.0328	0.0336	0.0408	0.0463	0.0349	正－上升－增大
贵州	－0.0218	－0.0212	－0.021	－0.0202	－0.0203	－0.0186	－0.0187	－0.0198	－0.020	负－下降－减小
云南	－0.0154	－0.016	－0.0161	－0.0175	－0.014	－0.0147	－0.0126	－0.0129	－0.015	负－下降－减小
陕西	0.0100	0.0080	0.01981	0.0062	0.0158	0.0119	0.0115	0.013	0.0120	正－程度不变
甘肃	－0.0175	－0.018	－0.019	－0.0156	－0.0132	－0.0142	－0.0154	－0.0155	－0.016	负－下降－减小
青海	－0.0264	－0.0265	－0.0272	－0.0284	－0.0262	－0.0253	－0.0245	－0.0277	－0.027	负－程度不变
宁夏	－0.0270	－0.026	－0.0258	－0.0260	－0.0255	－0.0235	－0.0253	－0.0271	－0.026	负－程度不变
新疆	－0.0198	－0.0195	－0.0196	－0.0225	－0.0182	－0.0179	－0.0197	－0.021	－0.02	负－程度不变
西部	－0.0135	－0.0129	－0.0125	－0.013	－0.0095	－0.0080	－0.0099	－0.0106	－0.011	负－下降－减小
全国	－0.0069	－0.0076	0.0003	－0.0088	－0.0062	－0.0057	－0.0061	－0.0063	－0.006	负－下降－减小

注：表格中响应程度/类型分别对应正负响应类型、上升下降响应方向、增大/减小/不变响应程度。

第二节 区域自主创新对经济增长的知识溢出效应

由于区域自主创新与经济发展之间作用关系的复杂性和多样性，仅从耦合与响应角度探讨是远远不够的，将视角深入区域自主创新与经济发展交互作用内部，从知识溢出视角探究区域自主创新对经济增长的影响机理，以期更加全面系统展示两者之间的作用路径和影响规律。

一、研究框架与模型构建

（一）研究框架

中国经历了劳动力要素高生产率导向的产业转移过程，以及改革开放引进技术导向的技术进步过程，收获了改革时期全要素生产率的稳步增长，由此做出了推动中国经济增长的贡献，但这一增长趋势在经济体制转轨过程中逐步弱化（胡鞍钢，2003；颜鹏飞、王兵，2004）。全要素生产率的重要贡献和变化趋势引发了对其构成元素和影响因素的关注，由于中国经济非平衡性发展会将差异延伸到地区生产率和技术进步上（郑京海、胡鞍钢，2005），并且资本深化速度不同将导致全要素生产率在区域上存在水平差异（叶裕民，2002），不难发现省际生产率既能从地理区位视角考量中国经济总体效率，又能通过省际之间相互作用而影响经济效率总量。因此，将研究范围设定在省区，探究区域全要素生产率水平及其影响因素。

在经济互动和区域联系中如何获得技术进步并以技术推动发展，对于发展中国家而言尤为重要，RiveraBatiz 和 Romer（1991）、Grossman 和 Helpman（1991）将研发和国际贸易形象地比喻成技术进步的发动机。李小平和朱钟棣（2005，2006）、许和连等（2007）、符宁（2007）、陈刚等（2008）、谢建国和周露昭（2009）等验证了国际进出口贸易是一个有效的知识溢出渠道。此外，许多学者逐步将外商直接投资（FDI）和对外直接投资（ODI）纳入知识溢出渠道体系中来，并证实存在溢出效应。尤其是在中国改革开放初期加大外资引进力度和以市场换技术的背景下，外商直接投资日益频繁并带来明显的知识效应（赖明勇等，2005；杨亚平，2007；亓朋等，2009；赵果庆，2010；夏业良等，2010），而随着对外开放程度的深入和"以市场换技术"弊端的显现，中国开始通过对外直接投资嵌入研发资本密集的地区或行业，试图从中获取逆向知识溢出效应（邹玉娟等，2008；白洁，2009；李梅，2010）。因此，对于区域全要素生产率而言,随着经济全球化迅猛发展,其技术获取途径日益丰富,知识溢出渠道逐渐完善,逐步将外商直接投资、对外直接投资、进口贸易和出口贸易四种渠道纳入国际知识溢出模型(王英、刘思峰,2008)。

作为国际知识溢出重要渠道,国际进出口贸易、外商直接投资、对外直接投资的实现离不开区位特征的影响(Manuel,2007;Christian Bellak,2008),地理位置上的有利性和技术水平上的相似性对区域知识生产至关重要(Greunz,2003)。因此,当知识、技术跨越国界与省际进行溢出和转移时,不同区域间的相互联系和空间位置就应当成为研究的焦点。中国幅员辽阔,区位禀赋差距明显,区域在国际技术溢出效果和研发实力大小上也存在非均衡分布,吕忠伟(2009)、邓明等(2009)、陈继勇等(2008,2009,2010)、刘满凤等(2010)采用空间计量模型法测算中国区域知识溢出效应。综上所述,在考量中国区域全要素生产率的影响因素时,一方面需要全面涵盖国际知识溢出渠道即国际进出口贸易、外商直接投资、对外直接投资,另一方面需要持续关注省区知识基础和省际互动联系对技术进步的影响,以此构建一个完备的区域知识溢出模型。

(二)模型构建

纵观知识溢出理论相关研究,存在以下不足之处:首先,基本都是以某一个国际经济互动渠道为基础,从侧面验证该渠道的知识溢出效应,而对全面涵盖国际R&D溢出效应不同渠道即国际进出口贸易、FDI和ODI的实证研究还不太普遍。在改革开放和经济全球化背景下,中国与世界经济联系的方式趋于多样化,以完备的国际R&D溢出模型展开研究具有一定必要性。其次,忽略了中国省区间的紧密联系对地区技术进步产生的影响,将区域间知识溢出模型区别于传统国际知识模型,人为地把国内知识转移和国际知识溢出分割开来,致使研究结论较为片面。对于中国省区而言,除了获得国际贸易、FDI、ODI渠道溢出的知识外,还会受到毗邻地区研发活动的影响,将省际知识溢出效应和国际知识溢出效应一齐纳入分析框架将更具说服力。最后,对中国知识溢出效应的实证研究大多还处于验证溢出效应是否存在的阶段，而没有深入剖析知识溢出效应复杂的作用机制，忽略了中国区域各自拥有的自主创新能力和知识吸收能力对知识溢出效应的影响，因此当用这种研究结论解释知识溢出与中国省区生产率的问题时，可能会存在一定偏差。

基于中国2006—2013年省区面板数据，从区域自主创新和知识吸收特征出发，剖析国际和省际渠道溢出的先进知识对区域全要素生产率的影响机理。拟从以下方面对现有研究进行拓展：第一，用数据包络分析法中Malmquist指数法计算和检验中国省区全要素生产率，并将其分解为技术进步和技术效率，全面考察知识溢出效应如何影响全要素生产率（TFP）。第二，在中国情境下改进传统国际知识溢出模型，将传统模型拓展为同时涵盖省际知识转移和国际知识溢出，全面解释省区知识溢出效应，并进一步细化其对全要素生产率的影响。第三，考虑区域自主创新能力，将其引入中国省区知识溢出模型分析框架，剖析中国省区自主创新能力对生产率的影响机理。第四，考量区域知识吸收能力，关注其对省区经济增长的影响，尤其是探究知识吸收能力与自主创新能力在区域生产率增长中的独立影响和协同作用。

根据理论分析构建区域全要素生产率模型，假设中国省区劳动力（L）、物质资本（K）、知识资本（S）和产出（Y），中国地区柯布—道格拉斯生产函数为：$Y = AL^{\alpha}K^{\beta}S^{\gamma}$，各地区全要素生产率为：$TFP = Y/L^{\alpha}K^{\beta}$，由此可得，$TFP = AS^{\gamma}$。借鉴Coe和Helpman（1995）构建传统国际R&D溢出模型的思路，假设中国省区均处于一个开放且紧密联系的经济系统中，某地区的知识资本S不仅取决于自身研发资本存量$R\&D^{d}$，还取决于中国其他省份研发资本溢出$R\&D^{do}$和国际研发资本溢出$R\&D^{f}$，即省区知识资本模型为：$S = (R\&D^{d})^{\delta}(R\&D^{do})^{\theta}(R\&D^{f})^{\varphi}$，现将知识资本模型代入全要素生产率模型中，并在方程两边同时取对数，得到基本回归模型：$\ln TFP_{it} = \beta_{0i} + \beta_{1i}\ln R\&D_{it}^{d} + \beta_{2it}\ln R\&D_{it}^{do} + \beta_{3it}\ln R\&D_{it}^{f} + e_{it}$。全面考察基于国际进出口贸易、外商直接投资（FDI）和对外直接投资（ODI）四种渠道的国际知识溢出效应,将区域全要素生产率模型扩充为:$\ln TFP_{it}\beta_{it} = \beta_{0it} + \beta_{1it}\ln R\&D_{it}^{d} + \beta_{2it}\ln R\&D_{it}^{do} + \beta_{3it}\ln R\&D_{it}^{f-ex} + \beta_{4it}\ln R\&D_{it}^{f-im} + \beta_{5it}\ln R\&D_{it}^{f-fdi} + \beta_{6it}\ln R\&D_{it}^{f-odi} + e_{it}$,$R\&D_{it}^{f-ex}$、$R\&D_{it}^{f-im}$、$R\&D_{it}^{f-fdi}$、$R\&D_{it}^{f-odi}$表示 t 时期第 i 省由出口、进口、FDI 和 ODI 渠道溢出的国际 R&D 存量。

为了检验自主创新能力和知识吸收能力的知识溢出效应,按照温忠麟等(2006)的方法,检验研究模型中有中介的调节效应和有调节的中介效应。在区域全要素生产率增长过程中,省区知识基础、省际知识影响和国际知识渠道具有重要作用,但省区知识如何积累、省际知识如何传递、国际知识如何学习均取决于区域所拥有的自主创新能力和知识吸收能力,知识渠道一方面可能需要借助自主创新和知识吸收来溢出知识和增加产出,另一方面可能受到自主创新能力和知识吸收能力的影响而有所改变。因此,区域自主创新能力和知识吸收能力在区域知识溢出模型中发挥关键且复杂的作用,研究框架中可能同时存在中介变量和调节变量,需要严格遵循有中介的调节效应和有调节的中介效应的检验步骤来展开研究。

二、变量描述与数据处理

考虑到数据的可获取性,将数据样本确定为 2006—2013 年中国除西藏、香港、澳门和台湾外的其余 30 个省、自治区、直辖市的面板数据。研究所用数据均来自历年《中国统计年鉴》《中国科技统计年鉴》《国际统计年鉴》《中国对外经济统计年鉴》《中国对外直接投资统计公报》《中国商务年鉴》《中国劳动统计年鉴》等。区域自主创新能力与全要素生产率的计算方法与结果在之前部分已经介绍,此处将不再赘述。

(一)国内 R&D 存量

借鉴 Coe 和 Helpman(1995)、葛小寒和陈凌(2009)、夏良科(2010)等,采用已被广泛应用的永续盘存法计算各地区 R&D 存量。由于各省区研发统计数据缺失,参考蔡伟毅等(2010)的方法,以地区固定资产价格指数平减后得到的各省实际国内生产总值占全国实际国内生产总值比重为权重,将其乘以全国的研发资本存量即可得各省区的研发资本存量。参照王英等(2008)计算全国历年研发资本存量的方法,计算公式为:$SD_t = (1-\delta)SD_{t-1} + RD_t$。共涉及以下几个变量:第一,研发资本的折旧率($\delta$),沿用 Coe 和 Helpman(1995)采用研发数据进行时间序列回归所得到的 5% 的折旧率;第二,历年研发支出(RD_t),采用固定资产价格指数将其折算为 1995 年不变价的历年研发支出(苏为华,2010);第三,基年研发资本存量,运用 Griliches(1980)的方法计算:$SD_{1995} = RD_{1995}/(g+\delta)$,$RD_{1995}$ 为 1995 年实际研发资本支出。根据 Coe 和 Helpman(1995)定义,g 为考察期间每年研发投资支出对数形式增长率的平均数,按照此方法计算得到 1995—2013 年我国实际研发支出的平均增长率为 8.032%。

(二) 国际 R&D 溢出

借鉴 CH(1995)和 LP(2001)的研究思路,在开放的经济系统和相互联系的社会网络中,中国省区的技术进步不仅源自本地区的研发资本存量,还源自本地区所接受的省际和国外研发资本溢出,国际研发资本存量通过国际出口贸易、国际进口贸易、外商直接投资、对外直接投资四种渠道溢出。中国各省市的国外研发资本存量是以 1995 年可比价计算的各地区占全国的进出口比重、外商直接投资额比重、对外直接投资存量比重为权重来测算(谢建国等,2009)。依据中国向境外流出的产品和资金去向以及从境外流进的产品和资金来源,考虑到数据可获取性,借鉴王英等(2008)的方法,将美国、德国、英国、加拿大、日本、韩国、新加坡和中国香港作为研究对象。

通过国际出口贸易而获得的国际研发资本存量溢出定义为:$R\&D_i^{f-ex} = \sum_{j \neq i} \frac{x_{ij}}{y_i} S_j^d$,$x_{ij}$ 为国家 i(中国)向国家或地区 j 的出口商品量,y_i 是国家或地区 j 的国内生产总值,S_j^d 为国家(地区)j 的国内研发资本存量。通过国际进口贸易而获得的国际研发资本存量溢出定义为:$R\&D_i^{f-im} = \sum_{j \neq i}$

$\frac{m_{ij}}{y_i}S_j^d$，m_{ij} 为中国从国家或地区 j 进口的商品量，y_j 是国家或地区 j 的国内生产总值，S_j^d 为国家或地区 j 的国内研发资本存量。通过外商直接投资渠道溢出的国际研发资本存量定义为：$R\&D_i^{f-fdi} = \sum_{j\neq i} \frac{f_{ij}}{k_j}S_j^d$，$f_{ij}$ 为国家或地区 j 流向中国的直接投资，k_j 为国家或地区 j 的固定资本形成额，S_j^d 为国家或地区 j 的国内研发资本存量。中国通过对外直接投资渠道反向溢出的国际研发资本存量定义为：$R\&D_i^{f-odi} = \sum_{j\neq i} \frac{O_{ij}}{k_j}S_j^d$，$O_{ij}$ 为中国流向国家或地区 j 的直接投资，k_j 为国家或地区 j 的固定资本形成额，S_j^d 为国家或地区 j 的国内研发资本存量。

计算中国历年获得的国际研发资本存量溢出，首先，统一数据计量单位。将国际数据以1995年人民币对美元汇率将其换算为人民币值，并以中国固定资产价格指数平减国际研发支出和固定资本形成额，其他指标用居民消费价格指数进行平减，将数据折算成1995年不变价（李小平，2006）。其次，计算国际研发资本存量。按照上述计算国内研发资本存量的永续盘存法来计算国际研发资本存量，其中折旧率仍为5%。接下来，计算四种渠道的国际研发资本溢出量。按上述公式计算国际进出口、FDI和ODI渠道溢出的国际研发资本存量。最后，计算各省国际研发资本存量溢出。将各省进出口额、外商直接投资存量和对外直接投资存量数据用汇率换算成人民币，再用各省居民消费价格指数平减为1995年不变价的实际数据，计算各省实际进出口额、实际外商直接投资存量和实际对外直接投资存量占全国的比重，并以此乘以全国获得的四种渠道溢出的国际研发资本存量。

（三）省际 R&D 溢出

参照 Chun – chien kuo 等（2008）的做法，省际知识溢出定义为：$KNS_i = \ln[\sum_{i=1}^{N}\sum_{i\neq j} RD_j \times W_{ij}]$，$KNS_i$ 表示 i 地区获得的来自其他地区的知识溢出，

121

Funke 等（2005）将 W_{ij} 定义为空间权重，$W_{ij} = e^{-\beta_E \cdot d_{ij}}$，$d_{ij}$ 为 i 和 j 省中心城市间的地理距离，β_E 为空间距离衰退因子，计算公式为：$\beta_E = \dfrac{-\ln(1-r_E)}{D_{\min}^{\cdot\cdot}}$，$D_{\min}^{\cdot\cdot}$ 为 i 省中心城市到其他各省中心城市的平均距离，$r_E \in [0, 1]$，参照已有研究将其取为 0.5，空间权重为：$W_{ij} = exp(-1.2d_{ij}/D_{\min}^{\cdot\cdot})$，省际知识溢出公式是：$KNS_i = \ln\left[\sum_{i=1, i\neq j}^{N} RD_j \times \exp\left(\dfrac{-1.2d_{ij}}{D_{\min}^{\cdot\cdot}}\right)\right]$，至此计算出 i 省从除它之外的其他所有省获得的知识溢出量。

（四）知识吸收能力

借鉴葛小寒和陈凌（2009）的方法，将知识吸收能力设定为人力资本、研发比重、制度因素和技术差距的综合变量。第一，人力资本。按照李谷成（2009）的方法，将教育变量的度量反映在人力资本变量上。第二，技术差距。Engelbrecht（1997）和 Kang（2002）研究证实，在假定生产函数中资本、人力资本和 TFP 的比例不随时间变化的条件下，可以用第 i 个国家的人均国内生产总值 $Y_i(t)$ 表示其不可度量的技术水平 $A_i(t)$。因此，假定技术边界是中国最发达地区的现有技术，中国各省与技术边界的相对距离可重新修正为：$\left|\dfrac{\max_j Y_j(t) - Y_i(t)}{Y_i(t)}\right|$，$Y_j(t)$、$Y_i(t)$ 为中国最发达地区和 i 地区的实际人均地区生产总值。第三，研发比重。以国内各省历年实际研发支出占全国实际研发支出的比重来表示各省研发因素所带来的吸收能力。第四，制度因素。将中国各省实际非国有工业产值占各省实际工业总产值的比例来表示制度因素所影响的吸收能力。第五，综合变量。将以上四个变量连乘而得，用以表示综合考虑人力资本、技术差距、研发比重、制度因素在内的知识吸收能力。

三、实证结果与分析

由于研究样本是面板数据，在回归分析之前：首先，对研究中涉及的各个变量进行单位根检验，检查变量是否具有平稳性。采用 Eviews6.0 对各变量进行 LLC、IPS、Fisher – ADF 和 Fisher – PP 检验，检验结果表示模型中涉及变量均是单整的。其次，对变量进行协整检验，审查变量系统间是否具有长期协整关系。利用 Eviews6.0 对以下协整系统进行 Kao 检验：系统 1 为区域自主创新能力与知识溢出模型协整，系统 2 为区域知识吸收能力与知识溢出效应协整，系统 3 为自主创新能力、知识吸收能力与知识溢出效应协整。协整检验表明，各系统均存在协整关系。最后，利用 Eviews6.0 中 Hausman 检验和多余固定效应似然比检验（LR）来确定模型在截面和时间维度上均采用固定效应。

（一）知识溢出助推区域经济增长的多元路径：自主创新与学习吸收

中国区域知识溢出效果如何，自主创新能力与知识吸收能力在其中发挥怎样作用？基于有中介的调节效应模型和有调节的中介效应模型，首先从自主创新能力和知识吸收能力视角检验其对知识溢出的单独作用，然后挖掘自主创新能力与知识吸收能力在知识溢出中的综合效应。简言之，从自主创新和知识吸收视角探究其在区域知识溢出与经济增长之间的影响路径，实证检验自主创新能力和知识吸收能力可能发挥的作用——有中介的调节效应或者有调节的中介效应。具体回归结果见表 4 – 6、4 – 7 和表 4 – 8，实证模型以知识溢出渠道为自变量，以区域全要素生产率为因变量，表 4 – 7 检验以自主创新能力为中介变量，以知识吸收能力为调节变量的理论模型所具有的有调节的中介效应。表 4 – 8 检验以知识吸收能力为中介变量，以自主创新能力为调节变量的理论模型所具有的有调节的中介效应。

1. 区域经济增长的知识溢出效应

当考察区域经济增长的知识溢出效应时，以全要素生产率及其分解指标作为被解释变量，以中国各省区自身研发资本、省际研发溢出和国际研发溢出为解释变量，对知识溢出效应进行模型检验和回归分析。研究发现，中国各省区自身的研发资本存量、省际研发存量溢出以及各种渠道的国际研发溢出对其全要素生产率、技术效率和技术进步具有重要作用。省区自身研发存量的积累能够显著提升全要素生产率和技术效率，也能带来技术进步，只是影响较为微弱，这表明地区自主研发既能提升创新能力，又能促使其有效吸收和利用先进知识（王英、刘思峰，2008；蔡伟毅等，2010）。省际研发资本存量溢出阻碍了省区全要素生产率和技术效率的发展，却能激发技术进步，这说明知识溢出与地理特征有关，空间知识溢出效应是存在的（王铮等，2003），省际溢出能够有效提升地区的技术水平，但由于省际在经济实力和技术基础上相距甚远，暂时无法将技术上的进步转化为技术上的效率和生产上的效能。

出口渠道的知识溢出能够改善地区全要素生产率和技术效率状况（许和连等，2005；王英、刘思峰，2008），但却同时降低其技术水平，无法从中实现技术进步，这可能是因为中国国际贸易出口去向是技术密集度较低的地区或行业，能够获得经济发展机会和技术生产效率，但却无法从中吸收和收获先进技术。进口溢出显著改善地区全要素生产率、技术效率和技术进步状况（李平、崔喜君，2007；蔡伟毅等，2010），原因在于伴随进口贸易引进的除产品外还有先进技术，中国能够从进口过程中收获产品、技术和人才，这些无疑将促进中国经济发展与技术升级。以FDI渠道溢出的知识资本与TFP、技术效率和技术进步均负相关，这在一定程度上验证了蒋殿春等（2006）的说法，FDI溢出效应在现实中存在一定争议，在某些行业中甚至可能出现负溢出。以ODI渠道获得的反向溢出对生产率、技术效率和技术进步均产生消极影响，这可能是因为现阶段我国对外直接投资仍然集中于技术密集度或技术含量水平较低的地区或行业，仍然缺乏从对外直接投资中攫取技术与利益的跨国营运能力。

第四章 区域自主创新的知识溢出效应与经济增长路径

表4-6 未考虑自主创新与知识吸收的知识溢出基础模型

因变量	lnTFP（全要素生产率）	lnEC（技术效率）	lnTC（技术进步）
C	0.840（0.544）	0.420（0.761）	-0.029（0.895）
$lnR\&D^d$	0.262***（0.000）	0.169**（0.004）	0.001（0.892）
$lnR\&D^{do}$	-0.910（0.331）	-0.520（0.578）	0.012（0.936）
$lnR\&D^{f-ex}$	0.003（0.831）	0.017（0.234）	-0.002（0.710）
$lnR\&D^{f-im}$	0.034**（0.030）	0.029*（0.061）	0.011*（0.037）
$lnR\&D^{f-fdi}$	-0.004（0.619）	-0.0004（0.963）	-0.002（0.516）
$lnR\&D^{f-odi}$	-0.030***（0.000）	-0.027***（0.000）	-0.001（0.676）
R^2	0.629	0.3416	0.746
F统计量	24.464***（0.000）	4.515***（0.000）	53.772***（0.000）
Hausman	22.305***（0.001）	35.000***（0.000）	9.053（0.171）
LR	135.366***（0.000）	31.417***（0.000）	235.295***（0.000）
模型选择	FE/FE	FE/FE	RE/FE

2. 知识溢出效应引发区域经济增长的自主创新之路

在知识溢出初始模型的基础上，控制知识吸收能力的影响后，将自主创新能力纳入模型之中，除了出口渠道知识溢出效应从积极转变为消极之外，其他所有渠道的知识溢出效应均保持不变。从中可见，中国省区凭借对出口中所获得的先进技术加以消化和吸收来提升生产效率。在控制知识吸收能力影响后，实证检验知识溢出模型中区域自主创新能力的中介效应。首先，区域自身研发资本存量、省际研发溢出、进出口渠道溢出均能显著提升其自主创新能力，而FDI和ODI渠道溢出对区域自主创新产生消极影响。地区通过自身研发资本积累，从毗邻省区以及进出口贸易处获取先进技术与创新资源，来实现自主创新能力的提升。而对于外商直接投资和对外直接投资两种渠道，可能由于对方对先进技术溢出渠道的封锁，也

125

可能由于与其技术差距过大而尚未有所收获,进而阻碍自主创新能力的提升。其次,在控制知识吸收能力的影响后,自主创新能力在知识溢出效应模型中发挥显著的部分中介作用,自身研发资本、省际以及国际知识溢出渠道一方面对全要素生产率产生独立影响,一方面经由自主创新能力向全要素生产率传达其功效。在此过程中,区域自主创新能力以消极形式发挥传递作用,原因在于在知识溢出过程中自主创新能力对经济增长发挥积极效用的基础和前提是其对先进技术的吸收与利用,地区只有对溢出知识进行学习、消化与吸收之后,才能激发其自主创新,进而提升生产效率。而此时自主创新能力的消极传导机制源于对知识吸收能力的隔离,因此区域知识溢出效应需要整合其知识吸收能力与自主创新能力,引导其协同效应的有效发挥。鉴于此,在知识溢出模型中引入自主创新能力与知识吸收能力的交互项,实证结果表明自主创新能力与知识吸收能力交互项能够显著提高地区的全要素生产率。当地区单独考量自主创新能力与知识吸收能力对生产效率的影响时,两者在知识溢出模型中均具有负向影响力,单独存在时无法对知识溢出发挥应有功效,只有一同出现并协同整合时才能产生明显的积极影响,这刚好验证了李光泗等(2013)的研究结论,中国及各省区需要具备一定吸收能力和研发能力以充分吸收、学习和利用先进技术,并能够掌握和挖掘先进技术的内在价值,在此基础上依靠积极的技术努力来进行"干中学"和"二次创新"。

表4-7 以自主创新能力为中介变量的有调节的中介效应

因变量	第1步 全要素生产率	第2步 自主创新能力	第3步 全要素生产率	第4步 全要素生产率
C	0.335 (0.808)	-4.536*** (0.005)	-0.372 (0.789)	-0.858 (0.534)
$\ln R\&D^d$	0.297*** (0.000)	0.264*** (0.000)	0.338*** (0.000)	0.319*** (0.000)
$\ln R\&D^{do}$	-0.585 (0.531)	2.693** (0.014)	-0.165 (0.860)	0.202 (0.828)

续表

因变量	第1步 全要素生产率	第2步 自主创新能力	第3步 全要素生产率	第4步 全要素生产率
$\ln R\&D^{f-ex}$	-0.005 (0.720)	0.031* (0.072)	-0.0004 (0.977)	-0.007 (0.624)
$\ln R\&D^{f-im}$	0.036** (0.020)	0.007 (0.682)	0.037** (0.015)	0.029* (0.056)
$\ln R\&D^{f-fdi}$	-0.007 (0.382)	-0.0004 (0.966)	-0.007 (0.371)	-0.001 (0.211)
$\ln R\&D^{f-odi}$	-0.027*** (0.000)	-0.002 (0.859)	-0.028*** (0.000)	-0.026*** (0.001)
自主创新			-0.156** (0.011)	-0.193*** (0.002)
知识吸收	-0.217** (0.012)	-0.217** (0.032)	-0.251*** (0.004)	-0.442*** (0.000)
自主创新*知识吸收				0.379*** (0.007)
R^2	0.641	0.992	0.653	0.665
F统计量	8.127*** (0.000)	567.028*** (0.000)	8.324*** (0.000)	8.575*** (0.000)
Hausman	21.621*** (0.003)	34.396*** (0.000)	22.140*** (0.005)	15.381* (0.081)
模型选择	FE/FE	FE/FE	FE/FE	FE/FE

3. 知识溢出效应引致区域经济增长的吸收学习之路

在知识溢出初始模型的基础上，控制自主创新能力影响后，所有渠道的知识溢出对全要素生产率的作用方向和力度均未发生改变，这在一定程度上揭示了中国当前在所有知识溢出渠道均未展开有效且充分的自主创新，自主创新的积极效用尚未得到充分开发。在控制自主创新能力影响后，考察知识溢出模型中知识吸收能力的中介效应。首先，除了进口渠道外其他所有知识溢出渠道均对知识吸收能力产生显著影响，这意味着当前中国省区仍未从进口贸易中实现知识收获和技术学习，而能够从自身知识积累、周边省际互动、国际经济往来中获得先进技术并积极展开学习。与自主创新能力的中介效应相比，自主创新能力与FDI、ODI渠道知识溢出负相关，而知识吸收能力与出口、FDI渠道知识溢出负相关，表明自主创新能力与知识吸收能力在不同知识溢出渠道具有不同影响，自主创新能力从国际直接经济往来中难以得到提升，知识吸收能力从对外贸易及投资渠道中无法获得改善。在知识吸收能力的中介效应模型中，知识溢出渠道既能直接作用于全要素生产率，又能借助知识吸收能力而间接影响生产效率，知识吸收能力在其中发挥负向传导作用，原因在于如果只是对先进技术进行学习和吸收，而不基于此积极展开二次创新的话，将无法真正实现全要素生产率的增长。鉴于此，将自主创新能力与知识吸收能力交互项引入模型之中，自主创新能力与知识吸收能力共同对全要素生产率产生显著的积极影响，两者协同之下方能实现经济增长和技术升级。

表4-8 以自主创新能力为调节变量的有调节的中介效应

因变量	第1步 全要素生产率	第2步 知识吸收能力	第3步 全要素生产率	第4步 全要素生产率
C	0.319 (0.819)	-2.757** (0.016)	-0372 (0.789)	-0.858 (0.534)
$\ln R\&D^d$	0.291*** (0.000)	0.187*** (0.000)	0.338*** (0.000)	0.319*** (0.000)
$\ln R\&D^{do}$	-0.605 (0.520)	1.754** (0.023)	-0.165 (0.860)	0.202 (0.828)
$\ln R\&D^{f-ex}$	0.008 (0.575)	-0.035*** (0.004)	-0.0004 (0.977)	-0.007 (0.624)
$\ln R\&D^{f-im}$	0.035** (0.026)	0.010 (0.413)	0.037** (0.015)	0.029* (0.056)
$\ln R\&D^{f-fdi}$	-0.004 (0.646)	-0.014** (0.037)	-0.007 (0.371)	-0.010 (0.211)

续表

	第1步	第2步	第3步	第4步
因变量	全要素生产率	知识吸收能力	全要素生产率	全要素生产率
$lnR\&D^{f-odi}$	-0.031*** (0.000)	0.013** (0.040)	-0.028*** (0.000)	-0.026*** (0.001)
自主创新	-0.129** (0.035)	-0.107** (0.032)	-0.156** (0.011)	-0.193*** (0.002)
知识吸收			-0.251*** (0.004)	-0.442*** (0.000)
自主创新*知识吸收				0.379*** (0.007)
R^2	0.637	0.925	0.653	0.665
F统计量	8.010*** (0.000)	56.355*** (0.000)	8.324*** (0.000)	8.575*** (0.000)
Hausman	22.977*** (0.002)	13.056* (0.071)	22.140*** (0.005)	15.381* (0.081)
模型选择	FE/FE	FE/FE	FE/FE	FE/FE

(二) 区域经济增长知识溢出机制的双元平衡：自主创新与知识吸收的协同—平衡效应

从区域自主创新能力以及知识吸收能力作用于全要素生产率的过程可见，自主创新能力与知识吸收能力整合后更有利于区域经济增长，因此预期在其他条件不变的情况下，自主创新能力与知识吸收能力之间存在协同效应，同时进行自主创新和知识吸收更有助于全要素生产率提升，并且两者需要平衡发展，不能顾此失彼。徐欣（2013）实证证明企业技术引进和自主研发之间存在显著的协同效应和平衡效应，在引进技术基础上同时开展自主研发才能有助于提升业绩，并且如果对两者投资差异较大将对业绩产生负面影响。因此，可以预期在区域自主创新和知识吸收之间也存在平衡效应，两者之间的相对失衡会对区域经济发展产生消极作用。参照徐欣（2013）的方法，使用自主创新与知识吸收的交互项考察其协同效应，如果交互项系数显著大于零,则表明同时进行自主创新与知识吸收将有助于区域经济发展。使用自主创新与知识吸收之间差额的绝对值考察其平衡效应,如果此项回归系数显著小于零,则表明自主创新与知识吸收之间的差异会对全要素生产率产生负面影响,过于偏重自主创新或者知识吸收都不利于区域生产率提升。

检验结果可见,区域自主创新能力与知识吸收能力之间存在显著的协调效应,关注对自主创新能力和知识吸收能力的同步提升将更有利于地区生产率增长,自主创新能力与知识吸收能力之间具有相互促进和互相强化的效果。如果单独采用自主创新或者知识吸收将无法对区域全要素生产率产生促进作用,而自主创新能力和知识吸收能力兼具的地区,在经济发展上明显好于未同时发展自主创新和知识吸收能力的地区。另外,自主创新能力与知识吸收能力之间尚未发现显著的平衡效应,区域在自主创新与知识吸收之间不存在挤占和排斥效应。可能因为区域要想实现自主创新,必须要具备一定的知识吸收能力,消化吸收和学习利用从所有渠道溢出的知识,在此基础上展开二次创新和积累创新经验,以激发地区自主创新能力的提升。而自主创新能力与知识吸收能力之间不具有平衡效应,也意味着地区可以在这两种能力之间有所侧重,根据区域特点和技术实力,在知识溢出前期阶段注重知识吸收能力的培养,而在之后阶段强调自主创新能力的培育,以此实现对知识溢出的针对性吸收和自主性创新。

表4-9 自主创新能力与知识吸收能力协同—平衡效应分析

	协调效应模型	平衡效应模型
C	-0.858 (0.534)	0.121 (0.932)
$\ln R\&D^d$	0.319*** (0.000)	0.330*** (0.000)
$\ln R\&D^{do}$	0.202 (0.828)	-0.412 (0.667)
$\ln R\&D^{f-ex}$	-0.007 (0.624)	-0.003 (0.853)
$\ln R\&D^{f-im}$	0.029* (0.056)	0.036** (0.021)

续表

	协调效应模型	平衡效应模型
$\ln R\&D^{f-fdi}$	-0.010 (0.211)	-0.008 (0.352)
$\ln R\&D^{f-odi}$	-0.026*** (0.001)	-0.028*** (0.000)
自主创新	-0.193*** (0.002)	-0.095* (0.090)
知识吸收	-0.442*** (0.000)	-0.263*** (0.004)
自主创新 * 知识吸收	0.379*** (0.007)	
平衡效应变量		0.007 (0.629)
R^2	0.665	0.646
F 统计量	8.575*** (0.000)	7.873*** (0.000)
Hausman	15.381* (0.081)	22.846*** (0.007)
模型选择	FE/FE	FE/FE

特定区域因区位特点不同而拥有不同的自主创新能力，在自主创新能力作用于区域经济发展的过程中，呈现出不一样的耦合状态，自主创新能力与经济增长系统是否具有协调发展状态，自主创新能力对经济增长的响应程度如何，都是区域在培育自主创新能力的过程中需要反复思考和持续关注的，因为自主创新能力能够有效推动经济发展，但同时也可能对经济增长产生胁迫影响。而这一切刚好说明了自主创新能力与经济增长之间存在复杂关系，自主创新能力可以作为中介效应，向区域全要素生产率传递知识溢出的功效，也可以在知识吸收能力传导知识溢出效应过程中发挥有调节的中介效应。与此同时，研究发现知识吸收能力在区域经济发展过程中也具有重要作用，既能传导知识溢出效应，也能调节自主创新能力对知识溢出的中介效应。由此可见，在知识溢出效应影响经济增长的过程中，不仅存在自主创新与知识吸收的二元路径，而且需要自主创新与知识吸收的协调平衡。研究证实自主创新能力与知识吸收能力之间存在显著的协调效应，同时对地区全要素生产率产生积极影响，它们之间却不存在平衡效

应，这也给区域发展提供了一个有效信号，在促进经济发展过程中需要同时关注自主创新与知识吸收，在知识溢出不同阶段，根据自身实际情况和区域特点，可以针对性地有所侧重，以知识吸收为基础条件，以自主创新为最终目标，通过综合使用和重点培育来有效实现区域知识溢出与促进地区经济增长。

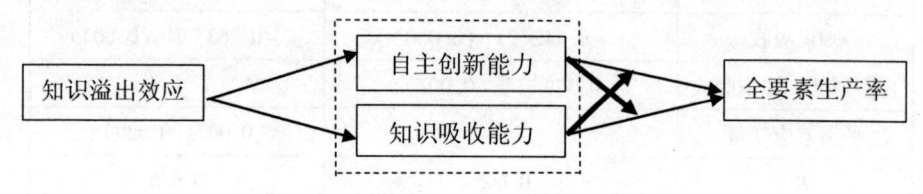

图 4-2 自主创新能力影响机制检验结果

第五章

知识产权保护下区域创新和经济增长的边界条件

第一节 引言

中国经济自改革开放以来保持高速增长势头，其经济发展源泉在于廉价且充裕的劳动力以及大规模投资的经济效益，不难发现中国竞争优势来源于传统生产要素资源——单纯依靠劳动力的低成本和资本的大投入。这些能够带来过去中国经济上的发展成就却无法保证未来中国经济上的成长潜能。党的十八大提出中国经济总量在增长到一定水平之后，应该将重点转移至如何提升经济增长的质量和效率，这也就意味着中国经济应当从侧重要素投入驱动转变为自主创新驱动。知识经济时代，自主创新已经发展成为在全球化激烈竞争中获取核心优势的重要手段，而实现高效自主创新的基础便是知识产权保护制度，其作为维护世界经济有序竞争和推动创新成果顺利转化的管理工具，得到世界各国广泛认可与不断践行。虽然知识产权保护的战略地位和重要作用日益凸显，但知识产权保护能否有效推动国家或地区实现自主创新却仍是争论焦点。因过程持久性、投资风险性和成果公共性致使知识创造和技术创新的动力受到抑制，通过赋予创新者知识产权保护和知识成果垄断而激发其创新热情，因此知识产权保护能够促进知识积累和鼓励原始创新（张五常，2000；周寄中，2006）。与此同时，知识产权保护所带来的垄断将阻碍知识交流和技术扩散，尤其是技术水平薄弱和依托模仿创新的欠发达地区，无视技术差距而加强知识保护将抑制模仿学习效果（沈坤荣，2013），因此，国家或地区知识产权保护强弱要根据其经济发展水平和所处阶段而确定（庄子银，2009）。此外，作为创新方的发达国家，认为知识产权保护是有利的，推动国际投资和技术转移，刺激东道国提升其技术实力和创新能力。作为模仿方的发展中国家，认为严格的知识产权保护将不利于其从技术溢出中模仿学习，将阻碍其技术进步和创新效率。

中国作为最大的发展中国家，既可以通过自主研发直接提升创新能力，又可以借助国际贸易、省际互动、国际经济投资来从知识溢出中消化吸收和模仿学习，以提高技术实力和创新效率。由于中国在创新能力提升上拥有多种途径，对知识产权的保护将在不同渠道上发挥迥异作用，这也就意味着中国的知识产权保护对自主创新以及知识溢出具有复杂影响。此外，中国知识产权保护制度建设起步晚且进程快，这对中国创新能力而言是一把双刃剑，一方面限制本土技术外溢，鼓励自主创新，一方面面临外来技术壁垒，抑制技术模仿。正是因为知识产权保护制度功效上的不确定性，引发我们思考中国知识产权保护水平如何？知识产权保护对我国自主创新产生什么影响？知识产权保护与知识溢出效应之间的作用机理如何？知识产权保护与中国经济增长之间的关系究竟怎样？这些都是本研究将会探讨和解决的问题。在相关文献回顾基础上，梳理中国知识产权保护对自主创新和经济增长的作用机制并构建理论模型，运用计量模型展开实证检验和结果分析。

第二节 机理分析与理论模型

一、知识产权保护的作用机制

知识产权保护具有创新鼓励机制、利益调节机制和市场规范机制（沈坤荣，2013）。在知识经济时代，知识已经成为推动经济社会发展的重要生产要素资源，因其非消耗性和可开发性而拥有持续累积的可能，以此带来未来收益的客观预期，因其过程持久和成效缓慢而面临压力和风险，以此带来前期环节的困难重重，这将导致知识创造主体大量投入且承担风险。因其可流动性和可分享性而具有巨大经济价值，以此带来收益回报分摊与均沾，因其易模仿和公共性而埋下潜在隐患，以此带来无偿搭便车的获利瓜分，这将导致知识创造主体收益无法得到保障。知识本身特性导致知识创造主体陷入纠结与矛盾之中，因为其创新投入与产出回报之间不协调，大量投入、漫长过程、可能风险却得不到应有收益和相应补偿，这将抑制知识创造主体的创造欲望和创新动力。而知识产权保护制度通过赋予知识创造者对知识的私人产权，保护其对知识采取的行为和投入的努力，这无疑能够鼓励创新行为和保护创造动力。

知识产权制度通过给予知识创造者对知识成果一定时期内的垄断权而确保其得到创新预期收入以弥补创新风险和不确定性，这将对创新起到极大鼓舞作用。但同时对知识成果的垄断却阻碍了社会大众从中共享知识和以此共建社会，这就意味着知识产权保护制度需要在垄断期限上有所考量和垄断程度上有所权衡，既能通过一定期限的知识成果垄断以保障创新动力和创新价值，又能合理把握适当垄断程度以促进创新知识共享和社会财富积累。简言之，知识产权保护制度需要平衡其创新激励效应和社会财富效应，需要保障创造者权利的同时关注社会公众需求，需要限定知识价值定向流动的同时促进知识广泛传播和充分共享，这就是知识产权保护制度对知识创造主体利益与社会公众利益之间的调节与平衡机制。

知识产权保护是对知识创造者知识创造行为的鼓励和知识创造过程的保护，是对知识成果产权的法律界定和对知识成果转化的法律保护，其制度的规范性和法律的权威性将保障知识成果公平展开市场竞争和规范参与市场交换，由此规范有序的知识交易市场逐渐形成并逐步成熟。知识产权保护制度是规范市场竞争秩序和促进社会良性循环的基础与保证，知识成果能够在激烈的市场竞争中拥有其应有价值，知识主体能够在规范的市场交换中获取应有回报，基于此知识主体才会加强其知识创造行为，社会公众才会保持其知识共享需求。知识产权保护制度具有强大的市场规范力量，规范的市场为知识成果转化市场价值和知识产品分享社会利益提供了良好平台。简言之，知识产权保护的市场规范机制是创新鼓励机制和利益协调机制的基础，这三种机制之间相互作用和互相影响，共同推动区域创新与经济发展。

中国区域的创新是自主研发和技术溢出综合作用的结果，是自主创新和消化吸收整合性影响的产物。在全球化背景下，加强知识产权保护一方面会激发中国区域的自主创新动力，以及刺激基于多种知识溢出渠道对知识和技术的吸收学习，另一方面则会增加区域模仿成本和影响溢出效果以抑制区域的创新。接下来，将深入挖掘知识产权保护的创新激励机制和抑制机制，并同时关注自主创新与知识吸收在其中的反应。

二、知识产权保护的创新激励机理

在自主创新视角下，知识产权保护是激发区域自主创新的重要力量。区域自主创新能力根据技术获取来源可细分为原始创新能力、集成创新能力以及引进消化吸收再创新能力。原始创新强调创新的自发性和原创性，知识产权保护将为其提供制度保障和营造安全氛围，鼓励区域展开原始创新和知识创造。正如Chen和Puttitanun（2005）所说，发展中国家加强知识产权保护会促进其国内自主创新活动，出于国内经济发展的考虑会加强保护知识产权。集成创新能力是融合与集成相关知识和技术以促成创新的有效方式，知识产权保护将为其提供合法借鉴成果的平台和排除重复研究的渠道，有效利用现有研究所拥有的成果和合理规避重复研究所带来的低效，以此改善地区自主创新效率。由此可见，在开放经济条件下，知识产权保护总体上能够有效促进技术创新（王华，2011；胡凯等，2012）。引进消化吸收再创新是在学习模仿和消化吸收前沿知识与先进技术基础上，展开二次开发与创造，知识产权保护将推动经济交换中的技术转移，更能引导中国在模仿学习与自主创新之间实现平衡。这刚好印证了 Chen 和 Puttitanun（2005）的研究，基于 64 个发展中国家的面板数据证实，随着知识产权保护水平的提高，发展中国家技术创新产出将得到增强。

在知识吸收视角下，知识产权保护是保障知识吸收效果的制度支撑。区域知识吸收能力是特定地区对先进技术进行参照模仿和消化吸收的能力，在知识产权保护下技术转移成本提高，区域将倾向于增大其模仿努力（Glass and Saggi，2002）。知识吸收能力与自主创新能力之间存在复杂且紧密的联系，而这一相互关系在知识产权保护背景下更需要权衡和关注，一方面是因为知识产权保护制度是在模仿创新和自主创新之间进行两难取舍，知识产权保护对技术创新的影响并不是呈现简单的线性关系，而是取决于其相对技术水平和模仿能力（易先忠等，2007）。另一方面是因为知识产权保护的实施将加大政府执行风险和管理成本的同时却未能带来可观的实际收益，知识产权保护程度应当与其创新能力和模仿能力相适应（易翔硕，2008），此外知识产权保护的激励效应也将依赖于其初始技能劳动水平、经济发展水平、国际贸易关系等（郭春野、庄子银，2012）。由此可见，知识产权保护对技术升级和知识创新的激励效应是通过知识溢出效应所实现的，而知识溢出效果则取决于其所拥有的自主创新能力和知识吸收能力。

当区域进行省际互动、国际贸易、国际经济投资的时候，知识产权保护通过这些渠道的知识溢出效应而影响技术创新（沈坤荣，2013）。省际互动途径是借助传染效应、外部性效应和竞争效应来激发知识溢出，同属中国的不同省区由于区位邻近而拥有更加频繁的交往机会和更加紧密的互动关系，在联系和互动过程中技术和知识可以经由关联路径而转移和传播，更多接触先进技术的机会将慢慢提升地区技术水平并激发技术创新。不同区域之间虽存在一定地理距离和禀赋差距，但由于知识和技术的流动性和共享性，在不知不觉之间先进技术会溢出并使其他接触者从中受益，外部性效益将创新价值分享给其他地区，进而引导这些地区加强技术创新。不同区域由于资源禀赋不同，其技术水平和经济实力存在明显差异，它们之间会在全球化趋势下形成竞争关系，技术先进地区会挤占落后地区的市场份额和经济收益，这将激励落后地区加快技术进步速度以缩减差距。国际贸易途径则是通过传染效应、竞争效应和干中学效应来实现知识溢出，传染理论认为，知识可以借助介质而传播很远，人、产品都可以成为传播介质，在知识传播过程中接触到的介质越多则传播速度越快。国际贸易中通过接触先进设备、产品和技术人员而实现知识渗透和传播扩散，这将加快地区对先进技术的学习模仿速度和知识积累效率。在国际贸易中所引进的先进产品和技术将挤占国内市场份额，无疑会加剧国内市场竞争的激励程度，国内省区唯有借助降低成本、增强效率和改进技术来建立竞争力，尤其是当涌入的先进元素与本土需求存在差异之时，更需要国内省区在引进中持续干中学以实现先进知识的消化，积极二次开发以实现先进技术的落地。国际经济投资途径是凭借传染效应和竞争效应来促进知识溢出，无论是外商直接投资还是对外直接投资，在中国与目标国家或地区之间搭建起联系的平台和互动的网络，它们之间在国际资金流动的同时，知识、技术、产品和人才也在接触和交流，其前沿知识和先进技术将更有针对性地流往目的地，中国将会在接触知识与技术的过程中实现技术升级和积极尝试创新。而国际直接经济往来将对中国以及目标国家或地区产生竞争压力和市场挤占，这无疑会激发这些国家或地区加快创新速度和提高创新效率。

三、知识产权保护的创新抑制机理

在自主创新视角下，知识产权保护可能是阻碍自主创新的关键原因。在知识产权保护下，一方面知识产权保护树立的技术壁垒将阻隔知识的任意流动和技术的潜在渗透，因此伴随经济互动所外溢的先进技术受到限制，对先进技术进行模仿的机会较少且成本较高，中国省区从知识溢出中获益锐减的同时成本剧增，这将导致在承担巨大生产成本之余已无力加大创新投入，尤其是对具有长期性和潜伏性自主创新的投入，进而制约了区域的自主创新。另一方面，知识产权保护的垄断特权将提高知识成果的市场价值和限制其参与市场竞争，缺乏竞争性将导致部分区域或主体止步于此，削减了他们对知识成果的渴望和对自主创新的努力，高度垄断性减弱了知识成果拥有者的生存危机和竞争压力，进而限制了他们对知识持续创新的动力。正如 Lerner（2009）实证得出增强知识产权保护并不能积极促进创新，Schneider（2005）提出更严格的知识产权保护对不同国家产生不同影响，有利于发达国家的创新，但不利于发展中国家的创新。

在知识吸收视角下，知识产权保护可能增加知识吸收的困难程度。当技术先进国家具有严格的知识产权保护时，虽然他们更加放心开展国际经济合作，增加知识转移力度和技术溢出含量，但严格的保护制度加大了中国从中模仿和学习的难度与成本，知识吸收效果不好，自主创新更难激发。当中国实施高度的知识产权保护时，虽然贸易环境更加安全，但增大政府执行成本且降低实际收益，以牺牲本土企业模仿创新收益为代价来保护国外企业知识回报，这将不利于中国本土企业的技术升级和自主创新。当中国实施微弱的知识产权保护时，技术先进国家将尽力增强其技术模仿难度以应对知识产权保护匮乏的现状，而中国从中所能溢出和吸收到的知识与技术将非常有限，更无法基于此展开有效的二次创新以及干中学。正如 United States International Trade Commission（2010）的研究发现，中国知识产权立法水平先进但执法薄弱，这将制约知识产权敏感型和技术含量较高的产品与技术流向中国，进而阻碍中国的技术模仿与创新。

基于以上分析，提出研究的理论模型是，当中国省区通过省际、国际贸易和国际经济投资渠道的知识溢出作用于全要素生产率时，其知识溢出效果取决于区域所拥有的自主创新能力和知识吸收能力。在自主创新能力和知识吸收能力作为传导机制的过程中，区域知识产权保护水平将调节知识溢出效应与自主创新能力、知识吸收能力之间的关系，即知识产权保护水平在其中发挥有中介的调节效应。此外，可以预期区域知识产权保护水平未能在知识溢出模型中发挥有调节的中介效应，这是因为地区自主创新能力以及知识吸收能力对经济发展的影响将不会受到知识产权保护水平的干预，而在形成自主创新能力和收获知识吸收效果的时候会受限于区域的知识产权保护水平。因此，可以假设在知识溢出效应影响区域全要素生产率的过程中，存在三条路径：第一条路径是知识溢出效应经由自主创新能力而作用于经济增长，知识产权保护水平在其中发挥有中介的调节效应；第二条路径是知识溢出效应经由知识吸收能力而作用于经济发展，知识产权保护水平在其中发挥有中介的调节效应；第三条路径是在知识溢出效应经过知识吸收能力影响全要素生产率时，知识产权保护水平与自主创新能力将对中介机制发挥双重调节效应。

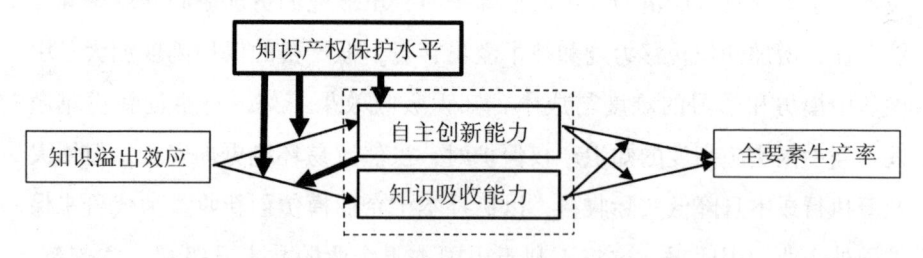

图 5-1　知识产权保护水平下自主创新与知识溢出理论模型

第三节 计量模型与指标解释

一、计量模型

根据上述理论思路,构造区域知识溢出的全要素生产率模型,在这一模型中涵盖省区自身研发资本存量、省际研发资本溢出和国际研发资本溢出,而国际知识溢出将国际进出口贸易、外商直接投资和对外直接投资同时纳入分析框架,建立如下区域全要素生产率基本模型:

$$\ln TFP_{it} = \beta_{0it} + \beta_{1it}\ln R\&D_{it}^{d} + \beta_{2it}\ln R\&D_{it}^{do} + \beta_{3it}\ln R\&D_{it}^{f-ex} + \beta_{4it}\ln R\&D_{it}^{f-im} + \beta_{5it}\ln R\&D_{it}^{f-fdi} + \beta_{6it}\ln R\&D_{it}^{f-odi} + e_{it}$$

其中 $R\&D_{it}^{d}$ 表示 t 时期第 i 省自身研发资本存量,$R\&D_{it}^{do}$ 表示 t 时期第 i 省省际研发资本溢出,$R\&D_{it}^{f-ex}$、$R\&D_{it}^{f-im}$、$R\&D_{it}^{f-fdi}$、$R\&D_{it}^{f-odi}$ 分别表示 t 时期第 i 省由出口、进口、外商直接投资(FDI)和对外直接投资(ODI)渠道溢出的国际研发资本存量。

全面考察知识产权保护水平下知识溢出与经济增长的三大路径。第一条路径是基于区域自主创新能力的中介作用探讨知识产权保护水平对此中介路径的调节作用,因此依照温忠麟等(2006)的方法,将建立以下逐步检验有中介的调节效应模型。

第一步:将基本模型中加入调节变量、调节变量与自变量交互项。

$$\begin{aligned}\ln TFP_{it} &= \beta_{0it} + \beta_{1it}\ln R\&D_{it}^{d} + \beta_{2it}\ln R\&D_{it}^{do} + \beta_{3it}\ln R\&D_{it}^{f-ex} + \beta_{4it}\ln R\&D_{it}^{f-im} \\ &+ \beta_{5it}\ln R\&D_{it}^{f-fdi} + \beta_{6it}\ln R\&D_{it}^{f-odi} + \beta_{7it}IPR_{it} + \beta_{8it}IPR_{it} \\ &\times \ln R\&D_{it} + e_{it}\end{aligned} \quad (1)$$

公式中知识产权保护水平(IPR)是调节变量,$\ln R\&D_{it}$ 表示所有渠道的知识溢出存量,检验交互项系数是否显著。

第二步,将(1)中因变量调整为中介变量,对中介变量进行回归分析。

$$ZZCX_{it} = \beta_{0it} + \beta_{1it}\ln R\&D_{it}^{d} + \beta_{2it}\ln R\&D_{it}^{do} + \beta_{3it}\ln R\&D_{it}^{f-ex} + \beta_{4it}\ln R\&D_{it}^{f-im}$$
$$+ \beta_{5it}\ln R\&D_{it}^{f-fdi} + \beta_{6it}\ln R\&D_{it}^{f-odi} + \beta_{7it}IPR_{it} + \beta_{8it}IPR_{it} \times \ln R\&D_{it}$$
$$+ e_{it} \qquad (2)$$

公式中自主创新能力（ZZCX）是中介变量，检验交互项系数是否显著。

第三步，将（1）中加入中介变量，检验有中介的调节效应，即中介变量系数是否显著。

$$\ln TFP_{it} = \beta_{0it} + \beta_{1it}\ln R\&D_{it}^{d} + \beta_{2it}\ln R\&D_{it}^{do} + \beta_{3it}\ln R\&D_{it}^{f-ex} + \beta_{4it}\ln R\&D_{it}^{f-im}$$
$$+ \beta_{5it}\ln R\&D_{it}^{f-fdi} + \beta_{6it}\ln R\&D_{it}^{f-odi} + \beta_{7it}IPR_{it} + \beta_{8it}IPR_{it}$$
$$\times \ln R\&D_{it} + \beta_{9it}ZZCX_{it} + e_{it} \qquad (3)$$

第二条路径是基于知识吸收能力的中介作用探究知识产权保护水平的重要影响，因此按照温忠麟等（2006）的方法，建立实证模型并逐步检验有中介的调节效应。因所有步骤和方法均与第一条路径相同，所以此处不再赘述，仅将上述模型中的自主创新能力（ZZCX）替换成知识吸收能力（XSNL）即可。

第三条路径是在知识吸收能力中介过程中，知识产权保护水平可能与自主创新能力共同调节知识吸收的溢出效应，建立以下实证模型检验有中介的调节效应，将知识产权保护水平与自主创新能力的双重调节作用以其交互项表示。

第一步：将基本模型中加入调节变量、调节变量与自变量交互项。

$$\ln TFP_{it} = \beta_{0it} + \beta_{1it}\ln R\&D_{it}^{d} + \beta_{2it}\ln R\&D_{it}^{do} + \beta_{3it}\ln R\&D_{it}^{f-ex} + \beta_{4it}\ln R\&D_{it}^{f-im}$$
$$+ \beta_{5it}\ln R\&D_{it}^{f-fdi} + \beta_{6it}\ln R\&D_{it}^{f-odi} + \beta_{7it}IPR_{it} \times ZZCX_{it} + \beta_{8it}IPR_{it}$$
$$\times ZZCX_{it} \times \ln R\&D_{it} + e_{it} \qquad (4)$$

公式中知识产权保护水平（IPR）与自主创新能力（ZZCX）交互项是调节变量，$\ln R\&D_{it}$ 表示所有渠道的知识溢出资本，检验双重交互项系数是否显著。

第二步,将(4)中因变量调整为中介变量,对中介变量进行回归分析。

$$XSNL_{it} = \beta_{0it} + \beta_{1it}\ln R\&D_{it}^{d} + \beta_{2it}\ln R\&D_{it}^{do} + \beta_{3it}\ln R\&D_{it}^{f-ex} + \beta_{4it}\ln R\&D_{it}^{f-im}$$
$$+ \beta_{5it}\ln R\&D_{it}^{f-fdi} + \beta_{6it}\ln R\&D_{it}^{f-odi} + \beta_{7it}IPR_{it} \times ZZCX_{it} + \beta_{8it}IPR_{it}$$
$$\times ZZCX_{it} \times \ln R\&D_{it} + e_{it} \qquad (5)$$

公式中知识吸收能力(XSNL)为中介变量,知识产权保护水平(IPR)与自主创新能力(ZZCX)交互项是调节变量,检验双重交互项系数是否显著。

第三步,将(4)中加入中介变量,检验有中介的调节效应,即中介变量系数是否显著。

$$\ln TFP_{it} = \beta_{0it} + \beta_{1it}\ln R\&D_{it}^{d} + \beta_{2it}\ln R\&D_{it}^{do} + \beta_{3it}\ln R\&D_{it}^{f-ex} + \beta_{4it}\ln R\&D_{it}^{f-im}$$
$$+ \beta_{5it}\ln R\&D_{it}^{f-fdi} + \beta_{6it}\ln R\&D_{it}^{f-odi} + \beta_{7it}IPR_{it} \times ZZCX_{it} + \beta_{8it}IPR_{it}$$
$$\times ZZCX_{it} \times \ln R\&D_{it} + \beta_{9it}XSNL_{it} + e_{it} \qquad (6)$$

二、指标解释

实证检验以2006—2013年我国除西藏、香港、澳门和台湾外的其余30个省、自治区、直辖市的面板数据为基础,所用数据均来自历年《中国统计年鉴》《中国科技统计年鉴》《国际统计年鉴》《中国对外经济统计年鉴》《中国对外直接投资统计公报》《中国商务年鉴》《中国劳动统计年鉴》《中国金融年鉴》《中国财政年鉴》,以及各省人民政府及相关部门的官方门户网站等。

(一)全要素生产率和自主创新能力

采用Malmquist指数法计算全要素生产率(TFP)以反映地区经济发展情况,采用方法集化的动态组合评价方法测量区域自主创新能力。其中,对区域自主创新能力的测量参照徐林明等(2014)所设计的指标体系和评价方法。结果表明,由于区域在禀赋状况和经济实力上存在差异,自主创新能力在不同地域之间呈现差距,在自主创新能力上东部和南部稳定平衡且具优势,中部实力相当且有后劲,北部和西部实力薄弱且不均衡。

对区域经济增长的测算是以各地区的实际地区生产总值作为产出变量,以实际固定资本存量和年平均从业人员数作为投入变量,运用DEAP2.1软件中的Malmquist指数法计算全要素生产率(TFP),并将其分解为技术效率(EC)和技术进步(TC)。结果表明,在这一阶段我国经济已经从飞速增长转向常态化发展,全国TFP下滑是由技术进步所导致的,而技术效率在一定程度上助力TFP增长,全要素生产率和自主创新能力计算结果前文已阐释,此处不再赘述。

(二) 知识吸收能力与知识溢出效应

1. 知识吸收能力

借鉴葛小寒和陈凌(2009)的方法,将知识吸收能力设定为人力资本、研发比重、制度因素和技术差距的综合变量。第一,人力资本。按照李谷成(2009)的方法,将教育变量的度量反映在人力资本变量上。第二,技术差距。假定技术边界是中国最发达地区的现有技术,以实际人均地区生产总值表征技术水平,计算中国各省与技术边界的相对距离。第三,研发比重。以国内各省历年实际研发支出占全国实际研发支出的比重来表示各省研发因素所带来的吸收能力。第四,制度因素。将中国各省实际非国有工业产值占各省实际工业总产值的比例来表示制度因素所影响的吸收能力。第五,综合变量。将以上四个变量连乘而得,用以表示综合考虑人力资本、技术差距、研发比重、制度因素在内的知识吸收能力。

2. 知识溢出效应

第一,国内R&D存量。采用已被广泛应用的永续盘存法计算各地区R&D存量。由于各省区研发统计数据缺失,参考蔡伟毅等(2010)的方法,以地区固定资产价格指数平减后得到的各省实际国内生产总值占全国实际国内生产总值比重为权重,将其乘以全国的研发资本存量即可得各省区的研发资本存量。第二,国际R&D溢出。国外研发资本存量通过国际出口贸易、国际进口贸易、外商直接投资、对外直接投资四种渠道溢出,参照谢建国等（2009），以1995年可比价计算的各地区占全国的进出口比重、外商直接投资额比重、对外直接投资存量比重为权重来测算。第三，省际R&D溢出。参照Chun–chien等（2008）的做法，从各省中心城市之间地理平均距离角度计算省际知识溢出。

（三）知识产权保护水平

鉴于将自主创新与经济增长置于区域知识产权保护情境之下，参照沈坤荣（2013）方法，将知识产权保护强度总指数细分为立法强度指数和执法强度指数。知识产权保护立法强度指数分为五项一级指标，每项总分为1分。在一级指标之下下设n项二级指标，每符合一项二级指标就得到1/n分，五项一级指标的得分之和构成立法强度指数，取值范围在0~5分。如果知识产权立法强度指数取值越大，表明知识产权的立法保护水平越高。在知识产权保护立法强度中，一级指标有保护范围、国际条约成员资格、专利权的限制、执行机制、专利保护期限五项。保护范围分为药品、化学品、食品、医用器械、微生物、实用新型、软件、动植物专利八项二级指标；国际条约成员资格分为巴黎公约及后来的文本（1883）、专利合作条约（1970）、植物新品种保护国际条约（1961）、微生物保存的布达佩斯条约（1977）、贸易有关的知识产权协定（TRIPS，1995）五项二级指标；专利权的限制分为实施要求、强制许可、宣告无效三项二级指标；执行机制分为诉前禁令、连带责任、举证责任倒置三项二级指标；专利保护期限按照Ginarte和Park将专利的最小保护期限设定为自专利授权之日起17年，或专利申请之日起20年，如果一国专利保护期限达到最小保护期限的，记1分，未达到的则以其规定的年数与最小保护期限的比值作为该项得分。以上所有指标主要综合沈坤荣（2013）研究结论以及根据专利法（1984）及其三次修正（1992，2000，2008）后的条款统计而得，中国知识产权保护立法呈现出阶段性且层次分明的逐步提升特点。

表 5-1 中国知识产权保护的立法强度指数

年份	1985	1986	1987	1988	1989	1990	1991	1992	1993	1994
GP	1.99	1.99	1.99	1.99	1.99	1.99	1.99	2.95	3.15	3.15
年份	1995	1996	1997	1998	1999	2000	2001	2002	2003	2004
GP	3.35	3.35	3.35	3.35	3.55	3.55	4.42	4.42	4.42	4.42
年份	2005	2006	2007	2008	2009	2010	2011	2012	2013	
GP	4.42	4.42	4.42	4.42	4.42	4.42	4.42	4.42	4.42	

在知识产权保护水平中的执法强度指数是从法律体系完备程度、司法保护水平、公众意识水平、经济发展水平和国际监督水平五项来衡量，计算五项指标得分的不加权平均数即为执法强度指数得分，取值范围是 0~1，得分越接近于 0 表示执行不力，越接近于 1 表明有效执行。地区法律体系完备程度统一以国家法律体系完备程度得分来表示，而中国法律体系完备程度以从 1954 年算起的实际立法年数除以 100 年而得到的数值表示；司法保护水平以标准化后的地区律师数占总人口比例（比例除以 10/10000）来衡量；公众意识水平以地区成人识字率除以 95% 来度量，成人识字率是 1 减去文盲、半文盲占 15 岁及以上比例计算所得；经济发展水平以标准化后的地区人均国内生产总值测算，即地区国内生产总值除以总人口数，并以 World Band 每年公布的高收入国家人均收入最低线作为比较基准，用当年美元对人民币汇率换算成人民币；国际监督水平以中国自 1986 年复关谈判起直至加入 WTO 后第五年 2005 年，得分均匀从 0 变化为 1，地区相应年份数值统一为国家 WTO 成员得分。

中国省区知识产权保护水平需要综合考虑其知识产权立法水平和执法水平，以两者乘积来测算。从区域知识产权保护水平数值上看，区域性差异和区位性特点是最为显著的特征，中国省区之间知识产权保护水平总体情况存在较大差异，东部沿海地区远远高于西部内陆地区，中国省区之间知识产权保护水平提高速度存在进度不一，东部地区远远快于中西部地区。

第四节 实证结果与分析

为了避免面板数据的虚假回归，首先对研究中涉及的各个变量进行单位根检验，检查变量是否具有平稳性。采用 Eviews6.0 对各变量进行 LLC、IPS、Fisher – ADF 和 Fisher – PP 检验，结果表示，模型中涉及变量均是单整的。其次对变量进行协整检验，审查变量系统间是否具有长期协整关系。利用 Eviews6.0 对以下协整系统进行 Kao 检验：系统 1 为区域自主创新能力、知识产权保护水平与知识溢出模型协整，系统 2 为知识吸收能力、知识产权保护水平与知识溢出效应协整，系统 3 为自主创新能力、知识吸收能力、知识产权保护水平与知识溢出效应协整。协整检验表明，各系统均存在协整关系。最后，利用 Eviews6.0 中 Hausman 检验和多余固定效应似然比检验（LR）确定模型在截面和时间维度上是采用固定效应还是随机效应。

一、知识产权保护下自主创新的经济增长机制

当探讨知识产权保护水平在自主创新、知识吸收与经济增长之间所发挥的作用时，遵循温忠麟等（2006）的方法，检验知识产权保护水平在自主创新或知识吸收与经济增长之间是否具有有调节的中介效应和有中介的调节效应。实证结果表明存在有中介的调节效应，但有调节的中介效应在统计上不显著，意味着知识产权保护水平能够影响自主创新能力或知识吸收能力与知识溢出效果之间的关系，但无法改变自主创新能力或知识吸收能力与全要素生产率之间的关系。这与在探讨理论模型之时的假设是一致的，因为地区不同的知识产权保护水平将影响其所拥有的自主创新能力和知识吸收能力，进而作用于地区从不同渠道收获知识溢出的效果，却无法将影响力辐射到直接改变自主创新能力、知识吸收能力与生产率之间的

关系。

以区域全要素生产率为因变量，以知识溢出为自变量，以自主创新能力为中介变量，以知识产权保护水平为调节变量，检验知识产权保护水平有中介的调节效应。当控制知识产权保护水平的单独影响后，知识产权保护水平正向调节自身知识存量、对外直接投资知识溢出与全要素生产率之间的关系，当地区具有较高水平的知识产权保护时，将增强前者的积极功效和恶化后者的消极影响。当地区具有较低水平的知识产权保护时，将减弱前者的经济价值和约束后者的负面作用。此外，知识产权保护水平负向调节省际、国际进出口和外商直接投资渠道的知识溢出与生产率之间的关系。当地区具有较高水平的知识产权保护时，将制约国际进出口和FDI渠道知识溢出对生产率的激励作用以及约束省际渠道的阻碍作用。当地区具有较低水平的知识产权保护时，将强化进出口和FDI知识溢出的促进功能以及加重省际渠道的限制作用。由此可见，知识产权保护水平对不同知识溢出渠道产生截然不同的影响，可能放大或缩小一些渠道的积极功能，也可能加重或削弱另一些渠道的消极功能。当纳入自主创新能力之后，实证结果显示知识产权保护水平与知识溢出渠道的交互作用需要通过自主创新能力这一中介变量来传递，自主创新能力部分中介了知识产权保护与省际知识溢出交互对全要素生产率的影响，完全中介了知识产权保护与进口知识溢出交互对全要素生产率的作用。当地区通过自身知识积累、进口和ODI渠道获得溢出知识时，知识产权保护水平对其正向调节作用将经过自主创新能力减损后再传递给区域生产率，表明知识产权保护水平对这三种渠道知识溢出效应的强化力量在遭遇自主创新之后有所减弱，这是因为如果地区知识产权保护水平较高，在加大外部获得先进知识可能性的同时将抑制其开展原始创新。当地区通过省际、出口和FDI渠道收获溢出知识时，知识产权保护水平对其负向调节作用将经由自主创新能力放大后再传导至区域经济，表明知识产权保护水平对这三种渠道知识溢出效应的抑制力量在途经自主创新之后得到强化，这是因为如果地区知识产权保护水平较高,在减小输出交往中技术含金量的同时将削弱其自主创新动力。

表5-2 自主创新能力与知识溢出有中介的调节效应(知识保护水平)

因变量	第1步 全要素生产率	第2步 自主创新能力	第3步 全要素生产率
C	2.28(0.21)	-6.13***(0.00)	1.27(0.49)
$lnR\&D^d$	0.10(0.44)	0.15(0.32)	0.12(0.33)
$lnR\&D^{do}$	-1.84(0.12)	3.68***(0.01)	-1.24(0.30)
$lnR\&D^{f-ex}$	0.05(0.49)	0.05(0.52)	0.05(0.41)
$lnR\&D^{f-im}$	0.05(0.58)	-0.15(0.12)	0.02(0.80)
$lnR\&D^{f-fdi}$	0.08(0.20)	0.04(0.63)	0.09(0.17)
$lnR\&D^{f-odi}$	-0.10(0.11)	0.06(0.35)	-0.08(0.15)
自主创新能力			-0.17***(0.01)
知识保护水平	1.08**(0.04)	1.14*(0.06)	1.27**(0.02)
$lnR\&D^d$ * 知识保护	0.06(0.14)	0.03(0.50)	0.07(0.10)
$lnR\&D^{do}$ * 知识保护	-0.75**(0.01)	-0.73**(0.04)	-0.87***(0.00)
$lnR\&D^{f-ex}$ * 知识保护	-0.02(0.41)	-0.01(0.79)	-0.02(0.37)
$lnR\&D^{f-im}$ * 知识保护	-0.003(0.92)	0.06*(0.08)	0.01(0.81)
$lnR\&D^{f-fdi}$ * 知识保护	-0.03(0.17)	-0.01(0.63)	-0.03(0.14)
$lnR\&D^{f-odi}$ * 知识保护	0.02(0.31)	-0.03(0.30)	0.02(0.41)
R^2	0.66	0.99	0.67
F统计量	7.41***(0.00)	506.34***(0.00)	7.65***(0.00)
Hausman	37.92***(0.00)	36.40***(0.00)	47.81***(0.00)
模型选择	FE/FE	FE/FE	FE/FE

二、知识产权保护下知识吸收的经济增长效应

鉴于知识吸收能力与自主创新能力之间的协同效应,为了全面探究知识吸收能力与经济增长过程中知识产权保护的重要作用,一方面从知识产权保护对知识吸收能力的单独调节作用着手,另一方面从知识产权保护与自主创新能力对知识吸收能力的双重交互作用深入。

（一）知识产权保护水平的单独调节作用

以区域全要素生产率为因变量，以知识溢出为自变量，以知识吸收能力为中介变量，以知识产权保护水平为调节变量，检验知识产权保护水平有中介的调节效应。当控制知识产权保护水平的单独影响后，知识产权保护水平正向调节自身知识存量、ODI渠道知识溢出与全要素生产率之间的关系，负向调节省际、国际进出口、FDI渠道知识溢出与全要素生产率之间的关系。简言之，地区知识产权保护水平将强化自身知识存量的积极效用和ODI渠道溢出的消极影响，将削弱省际渠道的阻碍作用和国际进出口以及FDI渠道的激励作用。这是因为，当地区拥有较高的知识产权保护水平，自身知识积累活动将更加频繁，而知识保护力度也阻隔了地区对外直接投资中能逆向收获的先进技术。与此同时，省际溢出对经济发展的消极影响在高强度知识保护下会受到控制，因为地区在知识保护和安全氛围下将致力于提升自身技术实力，经过省际互动相互带动并一起激发经济增长。在一定知识水平保护下，省区从国际进出口和FDI渠道获取溢出知识的难度增加且成本上升，这将削减其对经济发展的促进作用。在纳入知识吸收能力之后，知识产权保护水平与知识溢出渠道的交互作用需要依托知识吸收能力这一中介变量来传导，知识吸收能力完全中介了知识产权保护与省际渠道知识溢出交互对全要素生产率的影响。当地区通过自身知识积累和ODI渠道获得溢出知识时，知识产权保护水平对其正向调节作用将经过知识吸收能力消耗后再传递给区域经济，表明知识产权保护水平将增强自身知识积累的积极作用和加重ODI渠道知识溢出的消极影响，而这种两极分化的作用方式经过知识吸收能力减弱后再传递给全要素生产率。这是因为，知识产权保护将引导地区自主创新以积累知识，将减少地区从对外投资中逆向收获知识，而这一过程将受到其知识吸收能力的制约。当地区通过省际、进出口和FDI渠道获得溢出知识时，知识产权保护水平对其负向调节作用将经过知识吸收能力加剧后再传递给区域生产率，表明知识产权保护水平将恶化省际溢出的阻碍作用和减弱进出口以及FDI渠道溢出的促进作用，而这种压制式的作用方式经过知识吸收能力削减后再传递给区域生产率。原因在于，高强度的知识产权保护将限制省际之间知识价值外部性效应，省际互动中获益减少则放大其对经济增长的阻碍作用，而这一过程在知识吸收能力影响下将更加雪上加霜。较高知识产权保护水平将提升进出口和FDI渠道知识含金量，这将导致区域经济能从知识溢出中获益，但获益程度会受到知识吸收能力的限制。

表5-3 知识吸收能力与知识溢出有中介的调节效应（知识保护水平）

因变量	第1步 全要素生产率	第2步 知识吸收能力	第3步 全要素生产率
C	2.28 (0.21)	3.20*** (0.00)	2.93 (0.11)
$\ln R\&D^d$	0.10 (0.44)	0.56*** (0.00)	0.24* (0.00)
$\ln R\&D^{do}$	-1.84 (0.12)	-2.63*** (0.00)	-2.43** (0.05)
$\ln R\&D^{f-ex}$	0.05 (0.49)	-0.05 (0.12)	0.03 (0.65)
$\ln R\&D^{f-im}$	0.05 (0.59)	0.06 (0.12)	0.07 (0.41)
$\ln R\&D^{f-fdi}$	0.08 (0.20)	0.06* (0.06)	0.09 (0.14)
$\ln R\&D^{f-odi}$	-0.09 (0.11)	-0.10*** (0.00)	-0.11* (0.05)
知识吸收能力			-0.28** (0.03)
知识保护水平	1.08** (0.04)	-1.18*** (0.00)	0.72 (0.19)
$\ln R\&D^d$ * 知识保护	0.06 (0.14)	-0.17*** (0.00)	0.01 (0.76)
$\ln R\&D^{do}$ * 知识保护	-0.75** (0.01)	0.97*** (0.00)	-0.45 (0.18)
$\ln R\&D^{f-ex}$ * 知识保护	-0.02 (0.41)	0.01 (0.31)	-0.02 (0.51)
$\ln R\&D^{f-im}$ * 知识保护	-0.003 (0.92)	-0.02 (0.11)	-0.01 (0.72)
$\ln R\&D^{f-fdi}$ * 知识保护	-0.03 (0.17)	-0.02* (0.09)	-0.04 (0.13)
$\ln R\&D^{f-odi}$ * 知识保护	0.02 (0.31)	0.04*** (0.00)	0.03 (0.16)
R^2	0.66	0.83	0.66
F统计量	7.41*** (0.00)	52.76*** (0.00)	7.50*** (0.00)
Hausman	37.92*** (0.00)	16.60 (0.22)	39.85*** (0.00)
模型选择	FE/FE	RE/FE	FE/FE

(二)知识产权保护与自主创新能力的双重交互作用

以区域全要素生产率为因变量,以知识溢出为自变量,以知识吸收能力为中介变量,以知识产权保护水平与自主创新能力交互项为调节变量,检验知识产权保护水平与自主创新能力交互项所具有的有中介的调节效应。当控制知识产权保护水平与自主创新能力交互项的影响后,知识产权保护与自主创新能力将正向调节自身知识存量、ODI渠道溢出知识与全要素生产率之间的关系,将负向调节省际、进出口、FDI渠道知识溢出与全要素生产率之间的关系,这意味着知识产权保护与自主创新能力将增强自身知识存量的积极功效和加重ODI渠道溢出的消极效用,将约束省际和FDI渠道的负面影响,以及减弱进出口渠道的正面影响。当纳入知识吸收能力之后,知识产权保护水平、自主创新能力与知识溢出渠道的双重交互作用需要经由知识吸收能力这一中介变量来传播至区域全要素生产率上。知识产权保护水平与自主创新能力对自身知识存量、进口、FDI、ODI渠道知识溢出的正向调节作用受到知识吸收能力的抑制而延伸至生产率,知识产权保护水平与自主创新能力对省际、出口渠道知识溢出的负向调节受到知识吸收能力的放大而传递到区域经济。这是源于当地区在一定知识产权保护下并拥有一定自主创新能力时,将会激发地区自主创新以及从进口、FDI渠道实现技术升级,同时会限制地区从ODI渠道逆向收获的知识,而这些渠道对地区经济的影响在知识吸收能力的作用下得到缓冲,减弱积极力量且制约消极影响。此外,知识保护和自主创新将会导致省际互动中流动的知识和分享的利益减少,省际互动对经济发展的制约力量将受到控制,同时出口贸易中流出的知识含量较低而流入的技术难度较高,省区从中获得先进知识的经济效价能够抵减出口对经济的负面影响。

第五章 知识产权保护下区域创新和经济增长的边界条件

表5-4 知识吸收能力与知识溢出有中介的调节效应（自主创新与知识保护交互）

因变量	第1步 全要素生产率	第2步 知识吸收能力	第3步 全要素生产率
C	1.43（0.37）	-0.51（0.64）	0.39（0.18）
$lnR\&D^d$	0.22***（0.00）	0.07（0.12）	0.07***（0.00）
$lnR\&D^{do}$	-1.28（0.23）	0.40（0.58）	-0.35*（0.08）
$lnR\&D^{f-ex}$	0.01（0.72）	-0.08***（0.00）	-0.01（0.18）
$lnR\&D^{f-im}$	0.04*（0.07）	0.01（0.30）	0.03***（0.00）
$lnR\&D^{f-fdi}$	-0.005（0.72）	0.004（0.65）	0.01（0.32）
$lnR\&D^{f-odi}$	-0.02**（0.04）	0.002（0.78）	-0.02***（0.00）
知识吸收能力			-0.34***（0.00）
知识保护水平*自主创新能力	0.27（0.13）	0.03（0.81）	0.27***（0.01）
$lnR\&D^d$ *知识保护*自主创新	0.02（0.56）	0.001（0.98）	0.02*（0.08）
$lnR\&D^{do}$ *知识保护*自主创新	-0.22（0.13）	-0.03（0.76）	-0.21***（0.00）
$lnR\&D^{f-ex}$ *知识保护*自主创新	-0.01（0.66）	-0.05***（0.00）	-0.02***（0.00）
$lnR\&D^{f-im}$ *知识保护*自主创新	-0.004（0.74）	0.01*（0.09）	0.01（0.14）
$lnR\&D^{f-fdi}$ *知识保护*自主创新	-0.003（0.78）	0.01*（0.06）	0.01（0.27）
$lnR\&D^{f-odi}$ *知识保护*自主创新	0.01*（0.07）	-0.004（0.34）	0.004（0.37）
R^2	0.65	0.95	0.57
F统计量	7.12***（0.00）	71.88***（0.00）	13.50***（0.00）
Hausman	23.97**（0.03）	46.93***（0.00）	20.83（0.11）
模型选择	FE/FE	FE/FE	RE/FE

综上所述，当知识产权保护水平对区域自主创新能力或知识吸收能力的知识溢出效应发挥单独调节作用时，无论是从调节方向上还是从影响路径上都具有明显的相似性。区域知识溢出模型中，自主创新能力与知识吸收能力均发挥显著的负向中介效应，知识产权保护水平对不同知识溢出渠道产生不同的影响路径。在自主创新和知识吸收的知识溢出效应中知识产权保护水平均正向调节省区研发和ODI渠道，均负向调节省际、出口和FDI渠道，两个知识溢出模型的知识产权保护水平调节作用只是在进口渠

道上存在差异，知识产权保护水平正向调节自主创新模型中的进口渠道，负向调节知识吸收模型中的进口溢出。从中不难发现，中国情境中区域知识产权保护水平影响下自主创新与知识吸收对经济发展具有相同作用和对知识溢出发挥相似影响。当知识产权保护水平与自主创新一同双重调节区域经济时，不同知识溢出渠道受到知识产权保护和自主创新不同的双重影响，与单独调节效应模式相比，双重交互效应的调节作用更为显著和更贴近实际，由此可见知识产权保护水平影响知识吸收的过程离不开自主创新的重要作用。

第五节　结论

区域自主创新能力与经济增长之间存在着重要且复杂的关系，可以相互促进而协同耦合，可能相互制约而胁迫响应，在合理把握两者之间平衡程度的基础上，关注自主创新与知识吸收的协调作用和整合力量将能够促使经济更加稳步增长，社会更加有序发展。在区域自主创新能力和知识吸收能力影响全要素生产率的过程中，对技术的消化吸收效果和对知识的学习创造成效会受到其所处环境的影响。伴随着省际互动和国际交往，在资源互换和信息共享的背后，隐含着前沿知识的流动和先进技术的涌现。在经济交易过程中先进技术能够具有多大可能性沿着互动路径而进入中国，区域能够在多大程度上充分吸收和利用技术取决于国家或区域的知识产权保护水平，因此，对知识产权的保护水平将影响区域从互动和交易中对先进知识的收获程度。

在知识溢出效应经由自主创新能力和知识吸收能力而影响全要素生产率的过程中，知识产权保护水平对地区不同知识溢出渠道产生截然不同的影响，一方面能够正向调节知识溢出与区域经济发展之间的关系，这就意味着知识产权保护水平将放大知识溢出渠道的积极作用和恶化知识溢出渠道的消极作用,知识产权保护水平存在两极分化力量。另一方面能够负向调节知识溢出与区域经济增长之间的关系,这就意味着知识产权保护水平将缩小知识溢出渠道的正面影响和约束知识溢出渠道的负面影响,知识产权保护水平拥有趋中平衡力量。当知识产权保护水平发挥着放大或缩小知识溢出效应的功能时,区域自主创新能力和知识吸收能力既扮演着传导体的重要角色,将知识产权保护水平下的知识溢出效应传递至区域生产率上,又发挥着控制者的关键作用,削弱知识产权保护水平的两极分化力量以缩减知识溢出效应在不同渠道之间差异,增强知识产权保护水平的趋中平衡力量以放大知识溢出效应在不同渠道之间的特色。由此可见,知识溢出渠道的经济效应在知识产权保护水平和区域自主创新能力、知识吸收能力的双重调控之下而更加平衡与有效。实证研究结果中知识产权保护水平对区域自主创新能力的复杂影响,刚好验证了 Park(2008)提出的"最优知识产权保护假说",即在一定程度上加强知识产权保护水平能够增强我国区域自主创新能力,但是如果这一程度过于严厉和苛刻,则会阻碍知识的有效流动和技术的高速传播,造成区域创新重复投入和资源浪费,这将不利于自主创新能力的提升。而我国区域适当加强知识产权保护将有利于促进区域自主创新能力提升,则证实了 Mondal 和 Gupta(2006)所提出的"鳗鱼效应"的存在,即在发展中国家由弱知识产权保护阶段向强保护阶段过渡过程中,趋于严峻的外部环境将倒逼本土提高自身创新能力。

第六章

环境规制力度下知识溢出的创新效应与经济效益

第一节 问题提出

改革开放以来，中国经济飞速发展，经济腾飞背后却是粗放型增长模式下以环境换增长的资源枯竭和环境恶化之路。伴随产业结构调整和技术结构升级，中国经济逐步从粗放型向集约型转变，从以增加投入拉动经济发展转化为以提升效率刺激经济增长。产业结构调整既能实现产业结构合理化，约束污染能耗产业和鼓励绿色生产产业，以管控环境污染源头，又能促进产业结构高级化，提高知识密集产业和扶持战略新兴产业，以培育绿色生产技术。技术结构升级一方面能够凭借技术进步而减弱生产的环境破坏性，一方面能够依托自主创新而开创经济的环境保护性。无论是产业结构调整还是技术结构升级都源于地方政府的引导和干预，基于地方政府的环境污染规制与绿色生产激励。区域环境规制力度通过施加环境约束而增加经济运行成本，通过强制性"精洗"而实现优胜劣汰，以驱使区域产业结构调整和技术结构升级，最终激发区域以创新驱动发展战略，提升自主创新能力和促进经济健康稳步增长。

第十九次全国代表大会工作报告中指出，建设生态文明是中华民族永续发展的千年大计,坚持节约资源和保护环境的基本国策,形成绿色发展方式和生活方式。绿色生产和环境保护已经成为区域经济发展的崭新路径和重要基础,因经济增长源泉丰富且路径多元,以致环境规制的经济效益如何仍存在众多争论。一种观点认为从静态视角看,在保持技术、资源和需求不变的前提下,环境规制与区域竞争力之间存在两难困境,环境规制一方面将加重区域的成本负担,限制区域的经济利润,进而削弱区域核心竞争力,一方面是区域经济正常运作的基础与未来发展的前提,将成为区域今后独特竞争优势的来源。另一种观点认为从动态视角看,环境规制激励区域优化资源配置效率和改进知识技术水平,激发区域自主创新,收获创新所引致的效率和竞争力,实现区域经济发展上兼收绿色与效率。因此,区域从环境规制中获得核心竞争力的关键在于创新补偿效应的经济价值足以弥补遵循成本效应的经济成本,即实现环境规制与经济增长的平衡和双赢。

  基于对环境规制领域文献梳理,现有研究大多聚焦于企业以及微观层面,尚未充分关注区域的环境规制与经济增长路径。区域作为经济建设的重要主体,其区位特点和资源禀赋上的差异性将导致其环境规制实现方式和经济效应上各具特色。区域环境规制的经济效益如何?环境规制是否增加区域运行负担?能否激发区域自主创新?可否提升区域经济水平?这些问题尚未得到有效论证和释疑。因此,尝试从以下方面对现有研究展开拓展:第一,将环境规制经济效益的研究置于区域层面,深入挖掘在环境规制背景下区域自主创新与经济增长之间的作用路径。第二,将环境规制界定为既包括政府制定的强制性政策,也涵盖政府引导下各种非正式规制手段,将正式环境规制与非正式环境规制一齐纳入分析框架,细致探究不同环境规制形式所具有的不同影响。第三,将区域自主创新和知识吸收融入正式与非正式环境规制的经济效益模型之中,系统探讨环境规制的遵循成本效应与创新补偿效应之间的博弈与互动,分析环境规制对区域自主创新的作用效果与影响方向。

第二节 理论模型与基本框架

环境规制经历了内涵界定从政府直接规制到非正式规制逐渐扩展的发展历程，最初仅将政府以行政命令形式对利用环境资源直接干预视为唯一有效的环境规制方式，随着实践不断深入发现基于市场的激励型环境规制也发挥着重要作用，至此，将环境规制拓展为同时涵盖正式规制与非正式规制的方式和行动。正式环境规制源自政府基于行政命令而干预资源利用的行为，这与公共的、有形的政府管理、行政指令、制度政策等相关。非正式规制源自社会团体基于自身利益而追求环境质量的行为，这与个体的、无形的环保思想、绿色意识、生态认知等相关（赵玉民等，2009）。发展中国家因其技术实力和经济水平上的特性，正式环境规制在污染治理中存在着无法避免的局限性（Kathuria，2007），反而公众谈判或游说等非正式形式所取得的环保效果更为明显（傅京燕等，2010）。为了探究中国环境规制的创新效应和经济效果，同时将正式环境规制和非正式环境规制纳入理论架构，分别从区域自主创新和知识吸收的知识溢出效应中探究正式环境规制和非正式环境规制的重要作用。

一、环境规制力度的经济效应——波特假说

传统粗放型经济增长模式在带来经济飞速发展的中国奇迹的同时，也迫使以生态环境恶化、有限资源匮乏、稀缺能源消耗为巨大代价而濒临资源环境承载极限。而当前在经济发展新常态形势下，加强环境规制是减少环境污染、提高资源效率和改善生态环境的重要手段，并能够在此基础上实现向资源节约型、环境友好型绿色经济增长方式转变。由于环境资源的公共品性和生态破坏的负外部性，环境规制难以完全依托市场机制来解决，而是需要借助环境规制政策手段和行政指令，政策制定与指令落实导致环境治理费用和

社会管理成本增加,这无疑将在一定程度上阻碍经济增长和延缓社会发展(张倩,2015)。这一环境规制遵循成本效应的观点在相当长时间内得到证实与推崇,但因为"波特假说"的出现而受到挑战。"波特假说"认为,环境规制在遵循成本效应背后,还具有创新补偿效应,虽然从当前现状角度看,引入环境规制将增加成本负担,但从动态发展角度看,适当的环境规制力度将激发技术创新,创新活动所引致的经济价值能够部分乃至全部补偿环境规制所增加社会成本的同时,还能提高生产效率和竞争实力,实现控制环境污染和促进经济增长的双赢。而能否实现双赢就取决于创新效应的大小,因此技术创新成为平衡环境保护与经济增长的重要工具,是解决环境规制潜在价值与实际成本矛盾的关键手段。简言之,基于静态标准传统观点认为经济发展与环境保护之间呈现两难格局,基于动态标准"波特假说"认为经济增长与环境规制之间存在双赢可能,合理的环境规制传递出资源配置低效率和技术水平待提升的信号,引导出创新价值补偿以抵减遵循成本和提高生产效率。"波特假说"为经济增长和环境保护实现双赢奠定了理论支撑,但这一假说的重要前提就是具有显著的创新补偿效应,这一创新补偿效应足以弥补遵循成本和支撑"波特假说"的现实存在可能性。

在"波特假说"提出之后,围绕环境规制与技术创新展开大量研究,突出观点主要有三种:第一,环境规制激励技术创新,即适度的环境规制能够激发原始技术研发、绿色技术进步、减排技术扩散而提升自主创新效果和改进经济增长效率,具有创新补偿效应和创新溢出效应;第二,环境规制抑制技术创新,即严格的环境规制能够加重额外社会成本,挤占绿色创新投入、阻碍绿色技术进步而制约自主创新效能和限制经济发展效率,具有遵循成本效应和竞争挤占效应;第三,环境规制对技术创新的影响具有不确定性,环境规制与技术创新之间可能存在非线性关系,可能存在地域性差异,可能不存在显著关联。这些研究结论使得环境规制与技术创新之间的关系更加错综复杂,使得环境规制的经济效应更加扑朔迷离,因此本研究将自主创新与经济增长之间的关系探讨置于环境规制情境下,一方面基于实证数据验证"波特假说"在区域层面以及自主创新领域是否存在，另一方面同时将正式环境规制与非正式环境规制一起纳入假说检验过程，考察不同环境规制方式下"波特假说"的意义和作用。

二、环境规制力度的创新补偿效应

环境规制力度的创新补偿效应是环境规制通过作用于自主创新或技术进步获得收益和知识溢出的正外部性以抵减成本负担和环境污染的负外部性。对于环境规制的创新补偿效应，大量研究从不同角度加以验证，首先，探究环境规制对不同产业和主体的创新补偿效应，如 Daron 等（2012）证实了环境规制对定向技术进步与升级的促进作用。张中元（2012）利用特定产业企业面板数据检验了环境规制对企业技术创新的积极作用。沈能（2012）验证了环境规制显著正向影响以专利数量来衡量的技术创新。张江雪等（2015）研究发现高绿色行业多属围绕高新技术和新兴领域的产业，低绿色行业多以能源资源产品重工业生产的产业。自主创新对行业绿色增长指数的影响明显大于技术引进和模仿学习，环境规制对中低绿色行业绿色增长起到积极促进作用，而对高绿色行业影响为负。其次，分析环境规制在不同地区的创新补偿效应，如 Lanoie 等（2011）聚焦 OECD 等发达国家制造业，认为严格环境规制将促使增加研发投入。王国印等（2011）提出环境规制的创新补偿效应在我国存在明显区域差异，环境规制对东部地区具有更加强烈和显著的创新补偿效应，而这一效应却在中部地区不具统计上的显著性。张成等（2015）认为我国东中部地区环境规制强度和生产技术进步呈 U 型关系，而西部地区不显著。张江雪等（2015）发现东部地区工业绿色增长指数高于中西部地区，行政型和市场型环境规制对工业绿色增长作用显著，而公众参与型环境规制则作用有限。最后，挖掘环境规制创新补偿效应的前提条件，如王锋正等（2015）认为增强环境规制强度能够促进资源型产业绿色技术创新，反之则会降低甚至产生抑制作用，这说明创新补偿效应具有产业类型的前提条件。张成等（2015）提出只有适度的环境规制强度变化率才能带来理想的生产技术进步变化率,废气、废水和固废三种环境规制强度变化率对生产技术进步变化率的影响存在差异较大的门槛值,这说明创新补偿效应具有规制对象的前提条件。

综上所述,环境规制的创新补偿效应面向不同对象和不同区域存在差异明显的效果,这刚好证实了其功效的发挥是具有前提条件性的。环境规制的创新补偿效应能够有效激发自主创新,其原始创新动力远远大于吸收模仿动机,其对自主创新的激励功效一方面是源于竞争效应,区域为了实现持续发展和获取竞争优势,在环境规制之下积极创新能够平衡环保与利益的崭新技术,这无疑能够为其带来创新技术垄断和社会责任实现。另一方面是源于外部性效应和模仿效应,当特定区域积极自主创新并收获创新补偿效应,对另外一些尚未采取行动的地区而言,因创新价值的溢出性和创新技术的共享性而能够从技术进步中分享收益和树立榜样,为了未来发展而开始模仿学习和尝试创新以收获自己的创新补偿效应。

三、环境规制力度的遵循成本效应

环境规制力度的遵循成本效应是依托环境规制影响经济发展和社会运行过程中,为了保护环境和维持生态,付出额外努力而承担的成本和实现公共目的而放弃的私利。对于环境规制的遵循成本效应,学者们从不同视角加以证明,一方面从环境规制的消极影响出发,探究是否存在遵循成本以及如何产生消极影响。Michael 等 (2012) 提出环境规制减少了美国制造业的技术创新。解垩 (2008) 基于省际面板数据证实了环境规制对工业企业生产技术进步具有消极影响。Jorgenson 等 (1990) 认为环境规制提高生产经营成本,减少生产性投资,导致自主创新投入不足,影响全要素生产率增长。另一方面从环境规制的复杂影响出发,分析环境规制与技术创新之间是否存在联系以及存在怎样的复杂关系。如 Jaffe 等 (1997) 证实环境规制政策和专利数量之间并不存在明显联系。江珂 (2011) 认为环境规制对我国技术创新没有显著的正向影响。张成等 (2011) 实证检验了环境规制强度与中国工业企业生产技术进步之间呈现显著"U"型关系。刘金林等（2015）研究发现环境规制对不同行业生产技术进步发挥不同影响，在一些行业呈现出显著"U"型或倒"U"型关系，而其他行业则不存在显著关系。张成等（2015）认为环境规制与技术进步之间呈现"U"型演变轨迹，这是取决于环境规制引入时，创新补偿的正效应与遵循成本的负效应之间的对比与博弈，而创新补偿的正向影响往往是滞后于遵循成本的负向影响。环境规制的非线性影响使得其诱发的创新潜力变得难以预测以及价值回报变得不再确定，这也就能合理解释环境规制有时未能引致理想创新补偿效应的原因所在。

由此可见，环境规制的遵循成本效应拥有三条作用路径，第一条路径是环境规制引致成本负担的直接路径，区域在经济运行过程中采取环境规制行为无疑会增加环境保护费用和社会管理成本，从改善生态环境角度支付环境污染治理费用，从提高经济成本角度加重社会运行负担，这是对人类生存环境开展污染治理和实施生态保护所必需支付的费用和付出的代价，是不可避免的和理应承担的成本。第二条路径是环境规制约束技术创新的间接路径，环境规制通过对技术创新和技术进步产生消极影响，削弱自主创新的收益回报和价值分享，制约技术进步的正外部性和溢出效应，进而达到阻碍经济发展的最终目的。这条路径中在创新正外部性和知识共享性的特点影响下，环境规制借助对自主创新补偿效应和技术进步溢出效应的制约和限制而减少区域的创新预期收益和知识预期回报，这一部分所消耗的预期收益和失去的创新回报将被视为环境规制过程中的损耗和代价，这无疑也是经济建设所偿还给环境保护的一部分具有经济价值的支出。第三条路径是环境规制发挥复杂作用的潜在路径，环境规制可能无法激励区域技术创新而不具有创新补偿效应，环境规制在增加环境保护成本的同时却未带来创新预期收益，这将导致环境保护与经济建设的天平严重失衡。环境规制可能对区域技术进步产生复杂的非线性影响，环境治理对技术创新的作用不再只是积极的，不再一定收获价值回报，这就使得环境规制具有更多不确定性，而区域在进行环境规制选择时会更加为难和谨慎。

四、环境规制力度与全要素生产率

在环境规制的创新补偿效应和遵循成本效应相互博弈与权衡的过程中，环境规制力度对生产率将产生差异影响。第一，环境规制通过增加研发投入而激发自主创新，实现创新补偿效应并改善生产效率（Berman E，2001），即创新补偿效应的经济价值在短期比长期更明显（张成等，2011），在规制适度比严格状态下更显著，在不同地区存在较大差异（叶祥松等，2011）；第二，环境规制一方面迫使生产工艺改变和生产过程调整而增加生产成本，导致生产效率下降并减少生产利润（Jaffe A 等，1995），一方面挤占其他生产性投资而挤压其他可能的经济收益，即遵循成本效应的经济负担和投资挤占效应的利益挤压对技术进步有负面影响，对生产率提高有制约作用，在不同区域具有明显差异（王群伟，2009；李春米等，2012）；第三，环境规制对生产率产生不确定性影响，环境规制对经济增长的影响是多角度的和全方位的，因地区特性、产业特点、市场结构、环境质量、规制强度、保护手段等不同而存在很大差异（Lanoie P 等，2011），即环境规制生产效率的复杂机制体现在对技术进步和技术效率的影响有正有负（解垩，2008），在短期效应与长期效应之间呈 U 型分布，长期上看滞后的环境规制将有效促进经济增长（殷宝庆，2012），在不同行业和区域而有所差别（李玲等，2012）。王兵等（2015）发现中国不同区域在环境规制和经济建设之间平衡手段和实现效果上存在明显差距，东中部地区通过管理减排和自然减排而实现环境和经济的双向共赢，其中东部地区效果更好，而西部地区因高能耗、高排放的粗放增长模式而导致环境和经济的双重恶化。简言之，中国环境规制的创新补偿效应和遵循成本效应均存在，环境规制既能刺激自主创新，又能挤占经济价值，环境规制同时带来的补偿效应和成本效应导致其对区域经济效率的影响将呈现不确定性和复杂性特点，因为补偿效应和成本效应的大小会受到区域特点、环境质量、技术实力、环保理念、公共管理等多种因素影响,而区域环境规制与经济发展双赢目标的实现将取决于能否激发大于遵循成本的创新补偿效应(郭妍等,2015)。

基于以上理论分析,构建一个同时能够考量区域环境规制创新补偿效应和遵循成本效应的理论模型,并将环境规制对技术创新和经济发展的作用路径均纳入框架之中,在此基础上探究环境规制对区域自主创新和知识吸收的"波特假说"是否存在,挖掘区域环境规制不同形式的创新补偿效应和遵循成本效应呈现怎样关系。由于环境规制力度既能直接影响区域生产效率,又能通过自主创新和技术升级而间接影响区域经济,因此可以预期区域环境规制力度能够在自主创新和知识吸收的知识溢出效应中发挥关键作用,也能够在自主创新和知识吸收的生产效率效应中扮演重要角色。鉴于此,依照温忠麟等(2006)的方法,将建立计量模型逐步检验环境规制力度有中介的调节效应和有调节的中介效应。

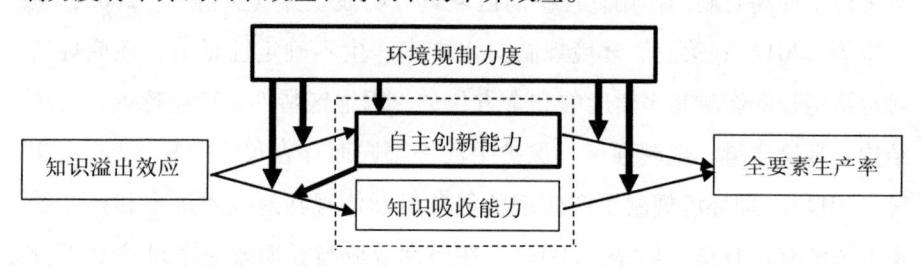

图 6–1 环境规制力度下自主创新与知识溢出理论模型

第三节 研究设计与统计描述

一、研究设计

根据上述理论思路,首先构造区域知识溢出的全要素生产率模型,在这一模型中涵盖省区自身研发资本存量、省际研发资本溢出和国际研发资本溢出，而国际知识溢出将国际进出口贸易、外商直接投资和对外直接投资同时纳入分析框架，因此建立如下区域全要素生产率基本模型：

$$\ln TFP_{it} = \beta_{0it} + \beta_{1it}\ln R\&D_{it}^{d} + \beta_{2it}\ln R\&D_{it}^{do} + \beta_{3it}\ln R\&D_{it}^{f-ex} + \beta_{4it}\ln R\&D_{it}^{f-im} + \beta_{5it}\ln R\&D_{it}^{f-fdi} + \beta_{6it}\ln R\&D_{it}^{f-odi} + e_{it}$$

其中 $R\&D_{it}^{d}$ 表示 t 时期第 i 省自身研发资本存量，$R\&D_{it}^{do}$ 表示 t 时期第 i 省省际研发资本溢出，$R\&D_{it}^{f-ex}$、$R\&D_{it}^{f-im}$、$R\&D_{it}^{f-fdi}$、$R\&D_{it}^{f-odi}$ 分别表示 t 时期第 i 省由出口、进口、外商直接投资（FDI）和对外直接投资（ODI）渠道溢出的国际研发资本存量。

全面探讨环境规制力度下知识溢出与经济增长的两条路径，第一条路径是基于区域自主创新能力的中介效应探讨环境规制力度对此中介路径的调节作用，因此依照温忠麟等（2006）的方法，将建立以下逐步检验有中介的调节效应模型和有调节的中介效应模型。

（一）构建有中介的调节效应检验模型

第一步：将基本模型中加入调节变量、调节变量与自变量交互项。

$$\begin{aligned}\ln TFP_{it} =\ & \beta_{0it} + \beta_{1it}\ln R\&D_{it}^{d} + \beta_{2it}\ln R\&D_{it}^{do} + \beta_{3it}\ln R\&D_{it}^{f-ex} + \beta_{4it}\ln R\&D_{it}^{f-im} \\ & + \beta_{5it}\ln R\&D_{it}^{f-fdi} + \beta_{6it}\ln R\&D_{it}^{f-odi} + \beta_{7it}FERI_{it} + \beta_{8it}IERI_{it} \\ & + \beta_{9it}FERI_{it} \times \ln R\&D_{it} + \beta_{10it}IERI_{it} \times \ln R\&D_{it} + e_{it} \end{aligned} \quad (1)$$

公式中正式环境规制（FERI）和非正式环境规制（IERI）是调节变量，$\ln R\&D_{it}$ 表示所有渠道的知识溢出，检验交互项系数是否显著。

第二步：将（1）中因变量调整为中介变量，对中介变量进行回归分析。

$$\begin{aligned}ZZCX_{it} =\ & \beta_{0it} + \beta_{1it}\ln R\&D_{it}^{d} + \beta_{2it}\ln R\&D_{it}^{do} + \beta_{3it}\ln R\&D_{it}^{f-ex} + \beta_{4it}\ln R\&D_{it}^{f-im} \\ & + \beta_{5it}\ln R\&D_{it}^{f-fdi} + \beta_{6it}\ln R\&D_{it}^{f-odi} + \beta_{7it}FERI_{it} + \beta_{8it}IERI_{it} \\ & + \beta_{9it}FERI_{it} \times \ln R\&D_{it} + \beta_{10it}IERI_{it} \times \ln R\&D_{it} + e_{it} \end{aligned} \quad (2)$$

公式中自主创新能力（ZZCX）是中介变量，检验交互项系数是否显著。

第三步：将（1）中加入中介变量，检验有中介的调节效应，即中介变量系数是否显著。

$$\ln TFP_{it} = \beta_{0it} + \beta_{1it}\ln R\&D_{it}^{d} + \beta_{2it}\ln R\&D_{it}^{do} + \beta_{3it}\ln R\&D_{it}^{f-ex} + \beta_{4it}\ln R\&D_{it}^{f-im}$$
$$+ \beta_{5it}\ln R\&D_{it}^{f-fdi} + \beta_{6it}\ln R\&D_{it}^{f-odi} + \beta_{7it}FERI_{it} + \beta_{8it}IERI_{it}$$
$$+ \beta_{9it}FERI_{it} \times \ln R\&D_{it} + \beta_{10it}IERI_{it} \times \ln R\&D_{it} + \beta_{11it}ZZCX_{it} + e_{it}$$
(3)

（二）构建有调节的中介效应检验模型

第一步：将基本模型中加入调节变量。

$$\ln TFP_{it} = \beta_{0it} + \beta_{1it}\ln R\&D_{it}^{d} + \beta_{2it}\ln R\&D_{it}^{do} + \beta_{3it}\ln R\&D_{it}^{f-ex} + \beta_{4it}\ln R\&D_{it}^{f-im}$$
$$+ \beta_{5it}\ln R\&D_{it}^{f-fdi} + \beta_{6it}\ln R\&D_{it}^{f-odi} + \beta_{7it}FERI_{it} + \beta_{8it}IERI_{it} + e_{it}$$
(4)

公式中正式环境规制（FERI）和非正式环境规制（IERI）是调节变量，$\ln R\&D_{it}$表示所有渠道的知识溢出，检验自变量系数是否显著。

第二步：将（4）中因变量调整为中介变量，对中介变量进行回归分析。

$$ZZCX_{it} = \beta_{0it} + \beta_{1it}\ln R\&D_{it}^{d} + \beta_{2it}\ln R\&D_{it}^{do} + \beta_{3it}\ln R\&D_{it}^{f-ex} + \beta_{4it}\ln R\&D_{it}^{f-im}$$
$$+ \beta_{5it}\ln R\&D_{it}^{f-fdi} + \beta_{6it}\ln R\&D_{it}^{f-odi} + \beta_{7it}FERI_{it} + \beta_{8it}IERI_{it} + e_{it}$$
(5)

公式中自主创新能力（ZZCX）是中介变量，检验自变量系数是否显著。

第三步：将（4）中加入中介变量，检验中介变量系数是否显著。

$$\ln TFP_{it} = \beta_{0it} + \beta_{1it}\ln R\&D_{it}^{d} + \beta_{2it}\ln R\&D_{it}^{do} + \beta_{3it}\ln R\&D_{it}^{f-ex} + \beta_{4it}\ln R\&D_{it}^{f-im}$$
$$+ \beta_{5it}\ln R\&D_{it}^{f-fdi} + \beta_{6it}\ln R\&D_{it}^{f-odi} + \beta_{7it}FERI_{it} + \beta_{8it}IERI_{it}$$
$$+ \beta_{9it}ZZCX_{it} + e_{it}$$
(6)

第四步：将（6）中加入中介变量与调节变量的交互项，检验交互项系数是否显著。

$$\ln TFP_{it} = \beta_{0it} + \beta_{1it}\ln R\&D_{it}^{d} + \beta_{2it}\ln R\&D_{it}^{do} + \beta_{3it}\ln R\&D_{it}^{f-ex} + \beta_{4it}\ln R\&D_{it}^{f-im}$$
$$+ \beta_{5it}\ln R\&D_{it}^{f-fdi} + \beta_{6it}\ln R\&D_{it}^{f-odi} + \beta_{7it}FERI_{it} + \beta_{8it}IERI_{it}$$
$$+ \beta_{9it}ZZCX_{it} + \beta_{10it}FERI_{it} \times ZZCX_{it} + \beta_{11it}IERI_{it} \times ZZCX_{it} + e_{it}$$
(7)

第二条路径是基于知识吸收能力的中介效应探究环境规制力度的重要影响，因所有步骤和方法均与第一条路径相同，所以此处不再赘述，仅将上述模型中的自主创新能力（ZZCX）替换成知识吸收能力（XSNL）即可。此外，区域环境规制与知识保护是自主创新和经济发展所需要共同面对的情境元素，因此在研究区域自主创新与经济建设过程中，将深入考量环境规制力度与知识保护水平所产生的综合影响，参照以往研究中的惯常做法以环境规制力度与知识保护水平交互项来表示其整合作用。

二、统计描述

以2006—2013年我国除西藏、香港、澳门和台湾外的其余30个省、自治区、直辖市面板数据为基础，所用数据均来自历年《中国统计年鉴》《中国科技统计年鉴》《国际统计年鉴》《中国对外经济统计年鉴》《中国对外直接投资统计公报》《中国商务年鉴》《中国劳动统计年鉴》《中国金融年鉴》《中国财政年鉴》，以及各省人民政府及相关部门的官方门户网站等。采用Malmquist指数法计算全要素生产率（TFP）以反映地区经济发展情况，采用方法集化的动态组合评价方法测量区域自主创新能力。其中，对区域自主创新能力的测量参照徐林明等（2014）所设计的指标体系和评价方法。借鉴葛小寒和陈凌（2009）的方法，将知识吸收能力设定为人力资本、研发比重、制度因素和技术差距的综合变量。采用永续盘存法计算各地区R&D存量，国际研发资本存量通过国际出口贸易、国际进口贸易、外商直接投资、对外直接投资四种渠道溢出，从各省中心城市之间地理平均距离角度计算省际知识溢出。参照沈坤荣

(2013)的方法，将知识产权保护强度总指数细分为立法强度指数和执法强度指数。

参照原毅军和谢荣辉（2014）的方法，将环境规制力度划分为正式环境规制力度和非正式环境规制力度，正式环境规制力度是地方政府根据其经济发展水平、环境质量现状、环境保护意愿对环境规制政策加以实施的程度与效果。考虑数据可获得性和污染排放严重程度，利用省区废水排放达标率、二氧化硫去除率、工业烟尘去除率、工业粉尘去除率和固体废物综合利用率5个单项指标，构建正式环境规制力度综合测量指标体系。非正式环境规制力度往往受到环保意识的影响，而环保意识又是地区公共管理效能、教育水平、就业情况、经济实力、人口特征等因素综合作用的产物，借鉴Pargal和Wheeler（1995）的方法，以地区收入水平、受教育程度、人口密度和年龄结构来综合度量其非正式环境规制力度。

基于以上指标构建方法，测算出2006—2013年中国30个省区的正式环境规制力度。结果显示：第一，从全国整体上看，在八年期间正式环境规制力度不断提升，这表明中国在发展经济的同时已经关注到污染治理和环境保护的重要性，以实际行动来规制经济建设所付出的环境代价，进而改善中国经济建设中的资源环境承载力。第二，从区域时序上看，西部地区正式环境规制力度最大，中部地区次之，接下来是东北地区，而东部地区规制力度最小。这是因为西部地区和中部地区自然资源丰富，经济发展依托于能源资源产品生产的工业产业，使得这些地区经济建设与环境保护之间存在紧密关联，大力发展经济必定带来资源开采和能源消耗，又将导致环境污染恶化和资源严重损耗，进而制约地区经济发展和降低公众生活质量，经济建设与环境承载之间必将陷入恶性循环，因此中西部地区的经济建设过程也将是环境规制过程，两者相辅相成才能相互促进，这也就能解释中西部地区高强度的正式规制以及高速度的发展趋势。东部和东北地区在正式环境规制上力度相对较小，尤其是东部地区在低强度正式规制下徘徊，维持在较低水平的正式规制力度。这是因为东部地区经济实力较为强劲、技术基础较为扎实，经济发展源于高新技术和新兴领域的产业，其前沿技术和创新能力抚平了经济发展与环境保护之间的隔阂和矛盾，在经济建设的同时对环境未造成明显污染和破坏，因此大大降低了这些地区在经济发展过程中加强正式环境规制的需求和动力。简言之，正式环境规制力度在不同区域存在显著差异，区域技术实力、经济水平和产业基础是影响正式环境规制力度的重要因素。第三，从省域差异上看，贵州、宁夏、山西正式环境规制力度最大，取值均大于1，河北、湖北、安徽、江西、内蒙古、广西、云南、陕西、甘肃次之，取值均介于0.6与1之间，其他省份正式环境规制力度均小于0.6。在2006—2013年间，中国30个省区中仅有3个省份正式规制力度大于1，9个省份正式规制力度介于0.6与1之间，而余下18个省份正式规制力度较小，取值低于0.6。这表明正式环境规制力度虽然在省区之间存在显著差距，但仍然普遍存在正式环境规制力度较小的现象，一方面可能因为近几年中国产业结构调整和技术水平升级改善了环境污染状况和环境治理效果，另一方面可能由于中国地方政府在追寻经济目标的同时忽视环境规制，在利益选择和公共角色之间尚未实现平衡所致。

表6-1 中国省区正式环境规制力度

	2006	2007	2008	2009	2010	2011	2012	2013	均值
全国	0.5096	0.5661	0.6072	0.6661	0.6791	0.6638	0.7319	0.7673	0.6489
北京	0.4178	0.4201	0.4087	0.4022	0.3894	0.3910	0.4138	0.4310	0.4092
天津	0.2685	0.2704	0.2633	0.2766	0.2762	0.2790	0.2817	0.2836	0.2749
上海	0.3324	0.3238	0.3533	0.3705	0.3590	0.3652	0.3701	0.3713	0.3557
河北	0.8509	0.8630	0.8289	0.8903	0.7938	0.5674	0.5573	0.6187	0.7463
山东	0.4586	0.4488	0.4705	0.4911	0.4939	0.5047	0.5173	0.5218	0.4883
江苏	0.3743	0.3738	0.3748	0.3853	0.3809	0.3926	0.3950	0.4132	0.3862

续表

	2006	2007	2008	2009	2010	2011	2012	2013	均值
浙江	0.3295	0.3338	0.3486	0.3688	0.3680	0.3766	0.3855	0.3912	0.3628
福建	0.4683	0.4769	0.4670	0.5101	0.5263	0.4923	0.5644	0.5627	0.5085
广东	0.2704	0.2835	0.2981	0.3281	0.3214	0.3321	0.3459	0.3534	0.3166
东部	0.4190	0.4216	0.4237	0.4470	0.4343	0.4112	0.4257	0.4386	0.4276
辽宁	0.6096	0.5133	0.6035	0.6477	0.6398	0.4846	0.5500	0.5773	0.5782
吉林	0.5080	0.5262	0.5431	0.5494	0.5940	0.5509	0.5931	0.6462	0.5639
黑龙江	0.5044	0.3832	0.4767	0.5064	0.6189	0.6120	0.6795	0.7148	0.5619
东北	0.5407	0.4742	0.5411	0.5678	0.6176	0.5488	0.6075	0.6461	0.5680
河南	0.5350	0.5379	0.5975	0.6226	0.6046	0.5997	0.6175	0.6375	0.5940
山西	0.6850	0.7556	1.0057	1.1336	1.1685	0.9630	1.3578	1.1351	1.0255
湖北	0.5899	0.5781	0.5938	0.6327	0.6782	0.6805	0.6869	0.7040	0.6430
湖南	0.3204	0.4224	0.4002	0.3744	0.5683	0.5263	0.5425	0.5626	0.4646
安徽	0.6686	0.7445	0.7442	0.8003	0.8046	0.7987	0.8476	0.8719	0.7851
江西	0.6569	0.6711	0.7484	0.7461	0.7237	0.7559	0.8208	0.8928	0.7520
中部	0.5760	0.6183	0.6816	0.7183	0.7580	0.7207	0.8122	0.8006	0.7107
内蒙古	0.6646	0.8589	0.8909	0.9841	0.8778	0.8499	0.7963	0.9111	0.8542
广西	0.5707	0.7656	0.5542	0.6344	0.7794	0.7214	0.7839	0.8132	0.7029
海南	0.5093	0.5071	0.5887	0.6087	0.5627	0.5287	0.5640	0.5823	0.5564
重庆	0.2892	0.3057	0.2986	0.5231	0.6110	0.6347	0.6846	0.7205	0.5084
四川	0.4043	0.4683	0.5836	0.5792	0.5410	0.5011	0.5354	0.5551	0.5210
贵州	1.2670	1.5029	1.5878	1.9498	2.0791	2.1194	2.3849	2.3270	1.9022
云南	0.8435	0.9683	1.0359	1.0668	0.9905	0.9207	0.9447	0.9874	0.9697
陕西	0.4172	0.3865	0.4023	0.6570	0.6635	0.7414	0.8226	0.8709	0.6202
甘肃	0.7716	0.9408	0.8233	0.8650	0.9158	0.8771	0.9409	1.0029	0.8922
青海	0.2047	0.1253	0.3397	0.2721	0.0535	0.1997	0.3516	0.5179	0.2581
宁夏	0.3658	1.1083	1.3683	1.7194	1.9080	2.0281	2.2353	2.3830	1.6395

续表

	2006	2007	2008	2009	2010	2011	2012	2013	均值
新疆	0.1309	0.1195	0.2150	0.0872	0.0811	0.1188	0.3862	0.6579	0.2246
西部	0.5366	0.6714	0.7240	0.8289	0.8386	0.8534	0.9525	1.0274	0.8041

第四节 实证分析与基本结论

鉴于研究样本是2006—2013年中国30个省区面板数据，在回归分析之前对研究中涉及的各个变量进行单位根检验，检查变量是否具有平稳性，采用Eviews6.0对各变量进行LLC、IPS、Fisher-ADF和Fisher-PP检验，结果表示，模型中涉及变量均是单整的。然后对变量进行协整检验，检验变量系统间是否具有长期协整关系。利用Eviews6.0对以下协整系统进行Kao检验：系统1为自主创新能力的知识溢出效应与经济增长协整，系统2为知识吸收能力的知识溢出效应与经济发展协整。协整检验表明，各系统均存在协整关系。最后利用Eviews6.0中Hausman检验和多余固定效应似然比检验（LR）来确定在截面和时间维度上是采用固定效应还是随机效应。

一、环境规制力度下自主创新的经济增长效应

从环境规制力度视角探析区域自主创新能力与知识溢出效应对全要素生产率的影响路径，实证检验环境规制力度在这一模型中所发挥的作用——有中介的调节效应或者有调节的中介效应。实证模型以知识溢出为自变量、以全要素生产率为因变量，以自主创新能力为中介变量，以环境规制力度为调节变量。所有形式模型均进行了截面随机效应的Hausman检验和时间固定效应的LR检验，在回归分析模型的截面维度和时间维度上均选择固定效应。

（一）正式环境规制与非正式环境规制对自主创新经济效应的单独作用

由于正式环境规制的严格性和指令性，以及非正式环境规制的自发性和公共性，这两种环境规制方式将对自主创新和经济发展产生差异化的影响，因此，将正式环境规制与非正式环境规制同时纳入模型之中，既检验单独利用正式环境规制或非正式环境规制对自主创新和经济增长的作用，又验证同时采用正式环境规制和非正式环境规制对自主创新和经济发展的影响。实证检验显示，同时利用正式环境规制和非正式环境规制将对模型产生有中介的调节效应和有调节的中介效应，单独采用正式环境规制能够显著影响自主创新与经济增长之间的关系，而单独采用非正式环境规制则无法明显作用于自主创新与经济产出，这意味着环境规制不同方式对区域自主创新与经济发展产生不同影响，非正式环境规制需要借助正式环境规制方能发挥作用。

单独引入正式环境规制或非正式环境规制后检验其对区域自主创新经济效应的调节机制，结果证实正式环境规制对区域自主创新和经济发展具有有调节的中介效应，而其有中介的调节效应却未具统计上的显著性，说明正式环境规制的作用力集中体现在自主创新影响经济建设的过程之中，而无法明显改变自主创新能力的形成过程。当控制正式环境规制的影响后，省区自身研发资本存量和进出口渠道知识溢出将促进区域生产增长，而省际、FDI 和 ODI 渠道知识溢出将阻碍区域经济发展，其中省区自身、进口和 ODI 三种渠道的经济作用更为显著。在未受到环境规制影响下，不同渠道知识溢出效应对区域经济发挥不同作用，省区自身和进出口渠道由于自身知识积累以及依托产品交易传递技术的外部性效应而有利于经济发展，其他渠道由于区位互动和经济往来的竞争性效应而不利于经济增长。当不考虑正式环境规制的影响时，除 ODI 渠道外所有渠道知识溢出效应都能正向影响区域自主创新能力，自身知识积累、省际互动和出口贸易渠道知识溢出具有统计上的显著性。由此可见，由于我国与目标国家之间技术差异明显、知识保护水平不同以及经济实力各异,从ODI渠道逆向收获的先进技术将非常有限,进而限制了对自主创新能力的提升,而另外所有渠道都将对我国区域自主创新能力产生积极影响,自身积累、省际互动、国际贸易以及经济往来都能激发区域自主创新。基于此,在第三步中控制正式环境规制影响后,检验自主创新能力的中介效应,结果显示自主创新能力在知识溢出与经济增长之间发挥显著的中介作用。省区自身知识积累、省际互动、国际贸易、经济直接投资渠道的知识溢出效应对区域经济发展具有直接和间接影响,既能直接作用于区域全要素生产率,又能借助自主创新能力而间接影响地区经济,自主创新能力在其中发挥部分中介效应。在区域自主创新能力传递之下,省区研发存量、进出口渠道知识溢出对区域经济的积极作用经过自主创新能力传导后将有所减弱,省际、FDI和ODI渠道知识溢出对生产效率的消极作用经由自主创新能力传递后将更为负面。将正式环境规制力度引入模型中后,不难发现正式环境规制与自主创新能力交互项对区域全要素生产率具有显著的负向影响,即区域加大正式规制力度,能够抵减自主创新能力对全要素生产率的消极影响,区域忽视正式环境规制,将放大自主创新能力对全要素生产率的负面作用,这在一定程度上验证了正式环境规制在区域层面创新补偿效应的存在。

表6–2 自主创新能力知识溢出有调节的中介效应(正式环境规制)

因变量	第1步 全要素生产率	第2步 自主创新能力	第3步 全要素生产率	第4步 全要素生产率
C	-0.002 (0.99)	-4.68*** (0.01)	-0.65 (0.66)	-0.33 (0.82)
$lnR\&D^d$	0.31*** (0.00)	0.27*** (0.00)	0.35*** (0.00)	0.34*** (0.00)
$lnR\&D^{do}$	-0.38 (0.70)	2.77** (0.02)	-0.002 (0.99)	-0.16 (0.87)
$lnR\&D^{f-ex}$	0.002 (0.92)	0.04** (0.02)	0.01 (0.64)	0.01 (0.63)

续表

因变量	第1步 全要素生产率	第2步 自主创新能力	第3步 全要素生产率	第4步 全要素生产率
$\ln R\&D^{f-im}$	0.03** (0.05)	0.003 (0.87)	0.03** (0.04)	0.04** (0.02)
$\ln R\&D^{f-fdi}$	-0.01 (0.49)	0.002 (0.88)	-0.005 (0.50)	-0.001 (0.91)
$\ln R\&D^{f-odi}$	-0.03*** (0.00)	-0.01 (0.48)	-0.03*** (0.00)	-0.03*** (0.00)
自主创新			-0.14** (0.02)	-0.02 (0.79)
正式规制	-0.04* (0.09)	-0.03 (0.27)	-0.04* (0.06)	-0.14*** (0.01)
自主创新 * 正式规制				-0.14** (0.04)
R^2	0.63	0.99	0.64	0.65
F统计量	7.91*** (0.00)	557.25*** (0.00)	8.01*** (0.00)	8.07*** (0.00)
Hausman	23.30*** (0.00)	34.64*** (0.00)	23.94*** (0.00)	23.55*** (0.01)
模型选择	FE/FE	FE/FE	FE/FE	FE/FE

（二）正式环境规制与非正式环境规制对自主创新经济效应的综合影响

在分析正式环境规制和非正式环境规制的单独作用后，将继续挖掘正式环境规制与非正式环境规制所具有的综合影响。检验结果证实正式环境规制和非正式环境规制的综合力量对区域自主创新和经济发展具有有中介的调节效应和有调节的中介效应。

当控制正式环境规制和非正式环境规制的单独影响后，正式环境规制与非正式环境规制对自身知识存量、ODI渠道知识溢出的经济效应发挥正

<<< 第六章 环境规制力度下知识溢出的创新效应与经济效益

向调节作用，对省际、进出口和FDI渠道知识溢出的经济效用发挥负向调节作用，只是非正式环境规制对进口、FDI、ODI渠道的调节作用更为显著。由此可见，正式环境规制与非正式环境规制尽管是环境保护的不同方式，却对知识溢出效应产生一致影响，作用方向相同但程度相异，非正式环境规制的作用更加显著，这也说明正式环境规制是环境保护的基础行为，只有在适当的正式环境规制前提下非正式环境规制才能发挥重要作用。在正式环境规制和非正式环境规制一起调节知识溢出效应时，不难发现其调节作用可以经由自主创新能力的中介机制而传递至全要素生产率上。在环境规制与知识溢出交互项作用于自主创新能力的过程中，正式环境规制对所有知识溢出的调节方向均发生了截然相反的转变，非正式环境规制除FDI渠道外对其他知识溢出都维持相同的调节方向，意味着正式环境规制对知识溢出的创新效应和经济效应发挥不同作用，可能是由于正式环境规制在政策上的侧重与引导不同，也因为非正式环境规制在意识上的理念与强度相同，这也在一定程度上说明环境规制"波特假说"的存在。将自主创新能力和环境规制力度一并纳入模型后，自主创新能力将知识溢出效应负向传递给区域全要素生产率，正式环境规制和非正式环境规制正向调节自身知识存量和ODI渠道的知识溢出，负向调节省际、进出口和FDI渠道的知识溢出。简言之，当加大正式环境规制和非正式环境规制力度时，将强化自身知识存量的积极效用和ODI渠道的消极效用，同时将弱化省际渠道的负面影响和进出口、FDI渠道的正面影响，而正式环境规制和非正式环境规制对自身研发、ODI渠道知识溢出的强化力量和对其他渠道知识溢出的弱化力量，将经过区域自主创新能力削减后传递给全要素生产率。这就意味着正式环境规制和非正式环境规制强化自身研发知识溢出的积极效应，虽经过自主创新能力削减，但仍然能够提高生产效率，环境规制在这一渠道的创新弥补效应超过了遵循成本效应。环境规制加强ODI渠道知识溢出的消极效应，经过自主创新能力恶化后将更加制约经济发展，环境规制在这一渠道面临严峻的遵循成本效应。环境规制虽然弱化省

175

际渠道的负面影响,但自主创新能力的负面力量将使这一弱化效果无法影响到区域生产效率,环境规制在这一渠道的价值收益无法弥补成本负担。虽然环境规制和自主创新均减弱了进出口、FDI渠道的正面影响,但环境规制在这些领域的补偿效应能够弥补成本支出。

当控制正式环境规制和非正式环境规制的单独影响后,省区自身知识存量和进口渠道知识溢出显著正向影响区域全要素生产率,省际、出口、FDI、ODI渠道知识溢出负向影响区域生产效率。当未受到环境规制干预和影响时,地区借助自主研发的知识积累和进口渠道的技术驱动而改善经济发展效率,同时在省际互动、出口交易和经济往来中投入大量努力却收获有限的技术,这无疑是不利于区域经济发展的。控制环境规制影响下,除ODI渠道外所有渠道知识溢出效应均对区域自主创新能力产生积极影响,自身知识积累、省际互动和出口贸易的影响更为显著,这表明除了ODI渠道在大量资金流出的同时未知逆向溢出对自主创新的不确定性影响,其他所有渠道都能在互动和往来之间溢出知识和激发创新。由此可知,区域自主创新能力在知识溢出作用于全要素生产率的过程中发挥部分中介效应,所有渠道知识溢出效应均能对区域经济发展产生直接和间接作用,一方面直接影响区域全要素生产率,一方面经由自主创新能力的削弱作用而传递间接影响。在知识溢出直接作用和自主创新间接传递过程中,环境规制发挥重要的调节作用。正式环境规制与非正式环境规制均负向调节自主创新能力与区域经济增长之间的关系,通过正式与非正式环境规制的调节后自主创新能力的负向影响程度下降且不再显著,这说明正式和非正式环境规制将有利于改善地区自主创新和经济效率,只是正式环境规制的作用更加明显。从同时纳入中介变量和调节变量的整合模型可知,严格的环境规制力度将减弱自主创新能力对区域全要素生产率的约束作用,宽松的环境规制力度将加强自主创新能力对区域生产效率的制约影响,这意味着当某些渠道知识溢出经由自主创新能力而阻碍经济发展时,严格的环境规制力度将有利于改变困境,当某些渠道知识溢出借助自主创新能力而提升经济水平时,宽松的环境规制力度将有利于维持现状。

因此，地区应当依据区位本身特点、知识溢出效果、自主创新能力的实际情况合理展开适度的正式和非正式环境规制，以促进地区经济发展和环境改善。综上所述，当正式环境规制与非正式环境规制一并影响区域自主创新和经济增长时，正式环境规制对自主创新的经济增长价值作用更加显著，非正式环境规制对自主创新的知识溢出效应影响更加明显，意味着正式环境规制与非正式环境规制是相互支撑与互为依存的环境规制重要手段，在自主创新能力形成培育过程中非正式规制具有重要作用，在自主创新能力影响经济过程中正式规制拥有关键地位。

表6-3 自主创新能力知识溢出有中介的调节效应（环境规制综合变量）

	第1步	第2步	第3步
因变量	全要素生产率	自主创新能力	全要素生产率
C	1.11（0.52）	-6.62＊＊＊（0.00）	0.15（0.93）
$\ln R\&D^d$	0.27＊＊＊（0.00）	0.34＊＊＊（0.00）	0.32＊＊＊（0.00）
$\ln R\&D^{do}$	-1.11（0.33）	3.98＊＊＊（0.00）	-0.52（0.65）
$\ln R\&D^{f-ex}$	0.01（0.63）	0.03（0.40）	0.02（0.53）
$\ln R\&D^{f-im}$	0.06＊＊（0.02）	-0.04（0.21）	0.06＊＊（0.04）
$\ln R\&D^{f-fdi}$	0.01（0.50）	-0.01（0.49）	0.01（0.58）
$\ln R\&D^{f-odi}$	-0.05＊＊＊（0.00）	0.003（0.89）	-0.05＊＊＊（0.00）
自主创新能力			-0.15＊＊（0.02）
正式环境规制	0.25（0.64）	-0.47（0.45）	0.18（0.73）
非正式环境规制	5.61E-11（0.19）	6.72E-11（0.19）	6.60E-11（0.12）
正式规制＊$\ln R\&D^d$	0.03（0.60）	-0.07（0.29）	0.02（0.74）
非正式规制＊$\ln R\&D^d$	6.81E-12（0.19）	1.63E-11＊＊＊（0.01）	9.20E-12＊（0.08）
正式规制＊$\ln R\&D^{do}$	-0.25（0.48）	0.43（0.31）	-0.19（0.59）
非正式规制＊$\ln R\&D^{do}$	-2.94E-11（0.29）	-5.96E-11＊（0.07）	-3.81E-11（0.17）
正式规制＊$\ln R\&D^{f-ex}$	-0.03（0.35）	0.01（0.78）	-0.0258（0.37）

续表

	第1步	第2步	第3步
非正式规制 * $\ln R\&D^{f-ex}$	-1.54E-13 (0.92)	-1.70E-12 (0.35)	-4.03E-13 (0.79)
正式规制 * $\ln R\&D^{f-im}$	-0.04 (0.25)	0.08** (0.04)	-0.03 (0.42)
非正式规制 * $\ln R\&D^{f-im}$	-6.63E-12*** (0.01)	-2.16E-12 (0.46)	-6.95E-12*** (0.00)
正式规制 * $\ln R\&D^{f-fdi}$	-0.01 (0.53)	0.00 (0.83)	-0.01 (0.55)
非正式规制 * $\ln R\&D^{f-fdi}$	-7.28E-12** (0.02)	3.64E-13 (0.92)	-7.22E-12** (0.02)
正式规制 * $\ln R\&D^{f-odi}$	0.02 (0.47)	-0.005 (0.86)	0.02 (0.48)
非正式规制 * $\ln R\&D^{f-odi}$	3.05E-12*** (0.01)	7.76E-14 (0.95)	3.06E-12*** (0.00)
R^2	0.68	0.99	0.69
F统计量	7.04*** (0.00)	441.75*** (0.00)	7.20*** (0.00)
Hausman	32.78** (0.04)	64.47*** (0.00)	36.10** (0.02)
模型选择	FE/FE	FE/FE	FE/FE

表6-4 自主创新能力知识溢出有调节的中介效应（环境规制综合变量）

	第1步	第2步	第3步	第4步
因变量	全要素生产率	自主创新能力	全要素生产率	全要素生产率
C	1.29 (0.40)	-4.18** (0.02)	0.68 (0.66)	0.85 (0.58)
$\ln R\&D^d$	0.27*** (0.00)	0.25*** (0.00)	0.31*** (0.00)	0.29*** (0.00)
$\ln R\&D^{do}$	-1.21 (0.24)	2.46** (0.04)	-0.84 (0.41)	-0.92 (0.37)

178

续表

因变量	第1步 全要素生产率	第2步 自主创新能力	第3步 全要素生产率	第4步 全要素生产率
$\ln R\&D^{f-ex}$	-0.002 (0.92)	0.04** (0.03)	0.004 (0.79)	0.004 (0.76)
$\ln R\&D^{f-im}$	0.03* (0.07)	0.002 (0.91)	0.03* (0.06)	0.03** (0.03)
$\ln R\&D^{f-fdi}$	-0.003 (0.70)	0.002 (0.80)	-0.003 (0.72)	0.001 (0.91)
$\ln R\&D^{f-odi}$	-0.03*** (0.00)	-0.01 (0.46)	-0.03*** (0.00)	-0.03** (0.00)
自主创新能力			-0.15** (0.01)	-0.04 (0.60)
正式环境规制	-0.03 (0.12)	-0.03 (0.29)	-0.04* (0.08)	-0.12** (0.01)
非正式环境规制	-2.10E-12** (0.01)	-8.08E-13 (0.43)	-2.22E-12*** (0.01)	-1.97E-12 (0.28)
正式*自主创新				-0.12* (0.06)
非正式*自主创新				-1.71E-13 (0.96)
R^2	0.65	0.99	0.66	0.66
F统计量	8.06*** (0.00)	543.59*** (0.00)	8.22*** (0.00)	8.01*** (0.00)
Hausman	25.94*** (0.00)	52.36*** (0.00)	29.05*** (0.00)	27.59*** (0.00)
模型选择	FE/FE	FE/FE	FE/FE	FE/FE

(三) 环境规制力度与知识产权保护水平对自主创新经济价值的交互作用

在讨论正式环境规制和非正式环境规制的综合影响后,将研究置于地区知识保护和环境规制同时存在的情境中，深入探讨知识保护水平和环境规制力度对知识溢出、自主创新和经济增长所产生的重要影响。

当控制产权保护与环境规制的单独影响后，知识保护水平与正式环境规制综合变量以及与非正式环境规制综合变量对省区知识存量和 ODI 渠道知识溢出的经济效应具有正向调节作用，对省际、进口和 FDI 渠道知识溢出的经济价值具有负向调节作用，知识保护水平与非正式环境规制的综合调节作用更加显著。唯独在出口渠道知识保护水平与正式环境规制发挥综合负向调节作用，而知识保护水平与非正式环境规制综合作用具有正向调节作用。由此可见，知识保护水平与正式环境规制的交互作用以及与非正式环境规制的综合力量对绝大多数渠道知识溢出效应产生一致影响，只在出口渠道知识溢出上发挥不同作用，原因在于出口交易既关系到技术和知识在交易双方流动，这将受到知识保护水平影响，又涉及产品生产所引致的环境压力，这将受到环境规制力度影响，导致知识保护和环境规制对其产生复杂影响。此外，当知识保护水平与环境规制力度综合变量调节知识溢出效应时，调节作用可以途经自主创新能力的中介机制而传导至全要素生产率上。知识保护水平与正式环境规制交互项对生产效率和自主创新产生完全相反的影响，知识产权保护水平与非正式环境规制交互项仅在出口渠道上存在差异，其他所有渠道均产生一致影响，说明在知识保护水平与正式环境规制影响下环境保护的创新补偿效应与遵循成本效应之间差距更为明显。在全面涵盖中介变量和调节变量的整合模型中，知识保护水平无论是与正式环境规制还是与非正式环境规制均具有一致影响，表明自主创新能力的出现有助于环境规制不同方式上的一致与统一。知识保护水平与环境规制力度共同正向调节自身知识存量和 ODI 渠道的知识溢出，负向调节省际、进出口和 FDI 渠道的知识溢出。当提高知识保护水平和环境规制力度时，将明显巩固自身知识积累的积极作用和加剧 ODI 渠道的消极作用，同时将恶化省际渠道的负面影响和弱化进出口、FDI 渠道的正面影响，在此过程中区域自主创新能力将这些功效减弱后再传送到经济效率上。这表明知识保护水平和环境规制力度强化自身知识存量的积极功效,经由自主创新弱化后仍能激发经济增长,区域知识保护和环境规制将有利于因原始创新和知识积累而实现的经济发展。知识保护水平和环境规制力度恶化ODI渠道知识溢出的消极作用,途经自主创新后加剧其对经济发展的阻碍作用,区域知识保护和环境规制将不利于ODI的逆向溢出和经济功能。知识保护水平和环境规制力度加重省际渠道的消极影响,自主创新能力更是雪上加霜,区域知识保护和环境规制将加剧省际渠道对经济发展的阻碍与限制。知识保护水平和环境规制力度减弱进出口、FDI渠道的积极影响,在自主创新能力进一步削弱之下仍能促进经济发展,区域知识保护和环境规制将制约进出口和FDI渠道对经济发展的贡献与作用。

当控制产权保护和环境规制的单独影响后,省区自身知识存量和进口渠道知识溢出对区域全要素生产率具有显著正向影响,省际、出口、FDI、ODI渠道知识溢出对区域生产效率具有负向影响,省区知识积累、进口贸易和对外投资的溢出效用更加显著。在控制知识保护水平和环境规制力度的影响下,除了ODI渠道外所有渠道知识溢出效应均对区域自主创新能力发挥积极作用,这刚好验证了自身知识积累、省际互动、国际贸易以及FDI都是区域获取先进知识和培养创新能力的重要途径,而ODI因其经济往来双方在技术实力、经济水平、文化背景上的差异,中国省区从其中获得的逆向溢出非常有限,这将不利于区域自主创新能力的开发。此外,区域自主创新能力在知识溢出效应作用于全要素生产率的过程中发挥部分中介效应,省区知识存量、进出口渠道既可以直接促进区域经济发展,又可以经过自主创新能力的负向传导机制而间接影响区域全要素生产率。省际、FDI、ODI渠道既能够直接制约区域经济增长,又能够经由自主创新能力的消极传递路径而间接影响区域生产效率。在知识溢出经由直接路径和间接机制而影响区域自主创新能力时,知识保护水平和环境规制力度发挥了关键的调节作用。知识保护水平与正式环境规制对区域自主创新能力具有显著的负向调节作用,知识保护水平与非正式环境规制对区域自主创新能力具有正向调节作用,在一定知识保护水平下环境规制的不同方式对自主创新能力与区域经济发展之间产生了不同的影响。严格的知识保护和正式环境规制将削弱自主创新对区域经济增长的制约力度，宽松的知识保护和正式环境规制将加深自主创新对区域生产效率的约束力度。严格的知识保护和非正式环境规制将加重自主创新对经济发展的阻碍力量，宽松的知识保护和非正式环境规制将减轻自主创新对经济进步的限制力量，这就意味着当某些知识溢出经过自主创新而制约经济发展时，严格的知识保护和正式环境规制以及宽松的知识保护和非正式环境规制将有助于缓解现状，当某些渠道知识溢出依托自主创新而促进经济增长时，宽松的知识保护和正式环境规制以及严格的知识保护和非正式环境规制将有助于保持成效。因此，地区若想实现自主创新能力提升和经济发展效率提高，就需要根据其知识溢出效果、技术水平、经济条件来选择适度的知识保护水平和合适的环境规制力度，尤其需要关注在一定知识保护水平下正式环境规制与非正式环境规制之间的互补与支撑。

表6-5 自主创新能力知识溢出有中介的调节效应

（知识产权水平与环境规制力度交互）

因变量	第1步 全要素生产率	第2步 自主创新能力	第3步 全要素生产率
C	1.85 (0.29)	-7.03*** (0.00)	0.90 (0.61)
$\ln R\&D^d$	0.28*** (0.00)	0.33*** (0.00)	0.33*** (0.00)
$\ln R\&D^{do}$	-1.59 (0.17)	4.27*** (0.00)	-1.01 (0.39)
$\ln R\&D^{f-ex}$	0.01 (0.78)	0.02 (0.42)	0.01 (0.68)
$\ln R\&D^{f-im}$	0.06** (0.03)	-0.04 (0.21)	0.05** (0.04)
$\ln R\&D^{f-fdi}$	0.02 (0.25)	-0.01 (0.57)	0.01 (0.29)

续表

因变量	第1步 全要素生产率	第2步 自主创新能力	第3步 全要素生产率
$\ln R\&D^{f-odi}$	-0.05*** (0.00)	0.01 (0.75)	-0.04*** (0.00)
自主创新能力			-0.13** (0.03)
知识保护*正式规制	0.04 (0.83)	-0.21 (0.37)	0.01 (0.95)
知识保护*非正式规制	1.35E-11 (0.33)	1.97E-11 (0.24)	1.61E-11 (0.24)
知识保护*正式*$\ln R\&D^d$	0.02 (0.43)	-0.02 (0.31)	0.01 (0.53)
知识保护*非正式*$\ln R\&D^d$	2.16E-12 (0.15)	4.18E-12** (0.02)	2.72E-12* (0.07)
知识保护*正式*$\ln R\&D^{do}$	-0.08 (0.56)	0.18 (0.25)	-0.05 (0.69)
知识保护*非正式*$\ln R\&D^{do}$	-6.53E-12 (0.46)	-1.72E-11 (0.11)	-8.84E-12 (0.32)
知识保护*正式*$\ln R\&D^{f-ex}$	-0.01 (0.43)	0.01 (0.64)	-0.01 (0.47)
知识保护*非正式*$\ln R\&D^{f-ex}$	1.96E-14 (0.96)	-4.58E-13 (0.34)	-4.21E-14 (0.91)
知识保护*正式*$\ln R\&D^{f-im}$	-0.01 (0.28)	0.03** (0.05)	-0.01 (0.45)
知识保护*非正式*$\ln R\&D^{f-im}$	-2.02E-12*** (0.00)	-4.96E-13 (0.55)	-2.09E-12*** (0.00)
知识保护*正式*$\ln R\&D^{f-fdi}$	-0.07 (0.27)	0.001 (0.91)	-0.01 (0.27)
知识保护*非正式*$\ln R\&D^{f-fdi}$	-2.55E-12*** (0.00)	3.55E-13 (0.74)	-2.51E-12*** (0.00)
知识保护*正式*$\ln R\&D^{f-odi}$	0.00 (0.79)	-0.004 (0.73)	0.002 (0.83)

续表

因变量	第1步 全要素生产率	第2步 自主创新能力	第3步 全要素生产率
知识保护*非正式*$\ln R\&D^{f-odi}$	8.72E-13*** (0.00)	1.30E-14 (0.97)	8.73E-13*** (0.00)
R^2	0.69	0.99	0.70
F统计量	7.37*** (0.00)	442.13*** (0.00)	7.49*** (0.00)
Hausman	41.18*** (0.00)	60.57*** (0.00)	45.56*** (0.00)
模型选择	FE/FE	FE/FE	FE/FE

表6-6 自主创新能力知识溢出有调节的中介效应

（知识保护水平与环境规制力度交互）

因变量	第1步 全要素生产率	第2步 自主创新能力	第3步 全要素生产率	第4步 全要素生产率
C	1.21 (0.42)	-4.24** (0.02)	0.58 (0.70)	1.06 (0.49)
$\ln R\&D^d$	0.27*** (0.00)	0.26*** (0.00)	0.31*** (0.00)	0.31*** (0.00)
$\ln R\&D^{do}$	-1.16 (0.25)	2.49** (0.04)	-0.79 (0.44)	-1.07 (0.29)
$\ln R\&D^{f-ex}$	-0.002 (0.91)	0.04** (0.03)	0.004 (0.79)	0.004 (0.77)
$\ln R\&D^{f-im}$	0.03* (0.08)	0.001 (0.97)	0.03* (0.07)	0.03* (0.05)
$\ln R\&D^{f-fdi}$	-0.003 (0.68)	0.002 (0.81)	-0.003 (0.71)	0.002 (0.85)
$\ln R\&D^{f-odi}$	-0.03*** (0.00)	-0.01 (0.43)	-0.03*** (0.00)	-0.04*** (0.00)
自主创新能力			-0.15** (0.01)	-0.05 (0.53)

续表

	第1步	第2步	第3步	第4步
因变量	全要素生产率	自主创新能力	全要素生产率	全要素生产率
知识保护*正式规制	-0.01 (0.10)	-0.01 (0.22)	-0.02* (0.06)	-0.05*** (0.01)
知识保护* 非正式规制	-4.65E-13** (0.01)	-1.93E-13 (0.39)	-4.93E-13*** (0.01)	-5.54E-13 (0.23)
知识保护*正式 规制*自主创新				-0.04** (0.05)
知识保护*非正式* 自主创新				2.35E-13 (0.76)
R^2	0.65	0.99	0.66	0.66
F统计量	8.07*** (0.00)	544.92*** (0.00)	8.24*** (0.00)	8.06*** (0.00)
Hausman	26.77*** (0.00)	53.78*** (0.00)	30.20*** (0.00)	32.15*** (0.00)
模型选择	FE/FE	FE/FE	FE/FE	FE/FE

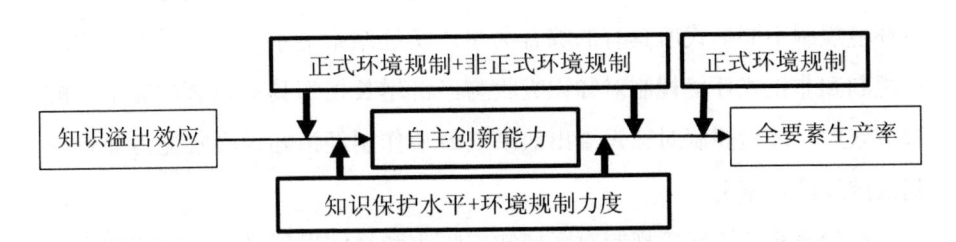

图6-2 环境规制力度下自主创新与知识溢出

二、环境规制力度下知识吸收的经济增长机理

研究证实知识溢出既可以经过自主创新能力而影响区域经济，又可以借助知识吸收能力而影响生产效率，在考量环境规制力度下自主创新能力的中介效应后，将环境规制力度置于知识吸收能力的中介模型中加以验证。从环境规制力度视角探析区域知识吸收能力与知识溢出效应对全要素

生产率的影响路径，实证检验环境规制力度在这一模型中所发挥的作用即有中介的调节效应或者有调节的中介效应。所有形式模型均进行了截面随机效应的 Hausman 检验和时间固定效应的 LR 检验，在回归分析模型的截面和时间维度上均选择固定效应。

（一）环境规制力度对知识吸收经济效应的独立作用路径

为了深入研究正式环境规制和非正式环境规制对知识吸收能力经济效应的作用机制，首先将正式环境规制和非正式环境规制单独纳入模型之中，以探究环境规制不同形式所具有的独立影响。实证结果表明，单独利用正式环境规制能够显著影响知识吸收与经济发展之间的关系，正式环境规制在其中发挥有调节的中介效应。而单独利用非正式环境规制无论是有中介的调节效应还是有调节的中介效应均未得到统计上的显著性，由此可见环境规制的正式手段和非正式方法对区域知识吸收和经济发展产生不同影响，正式环境规制能够单独发挥作用，而非正式环境规制无法独立产生影响，只有在实施正式环境规制的基础上非正式环境规制才能具有显著的影响力。最后将正式环境规制和非正式环境规制一齐纳入模型之中，以探析环境规制不同形式所具有的综合力量。实证结果显示，同时采用正式环境规制和非正式环境规制对知识吸收与经济增长模型具有显著的有中介的调节效应，环境规制对知识溢出效果的调节作用经由知识吸收能力而辐射到区域经济效率上。

检验证实正式环境规制对区域知识吸收和经济发展具有有调节的中介效应，而其有中介的调节效应却未具统计上的显著性。在知识溢出与全要素生产率基础模型中引入正式环境规制，研究发现正式环境规制对区域经济具有显著的负向影响，省区知识积累、进出口渠道知识溢出对经济发展具有促进作用，省际互动、FDI、ODI 渠道知识溢出对经济增长具有阻碍作用，其中省区知识存量、进口和 ODI 渠道知识溢出效应更为显著。在考量知识溢出和正式环境规制对区域知识吸收的影响时，不难发现正式环境规制将显著提升区域知识吸收能力，省区自主研发、省际互动、进口和 ODI

186

渠道知识溢出将有助于增强知识吸收能力，出口和 FDI 渠道将制约知识吸收能力的改进。通过对比正式环境规制在全要素生产率和知识吸收能力模型中的不同作用，发现正式环境规制阻碍经济发展的同时能够促进知识吸收，这是由于正式环境规制的创新补偿效应未能弥补遵循成本效应所致。中国省区在出口和 FDI 渠道都是流出活动，流出产品或资金，而目的地从接收产品和资金渠道反向回流的技术无论在数量和质量上都会受到限制，这将不利于中国从中参照模仿和消化吸收。将知识吸收能力纳入全要素生产率基本模型后，所有知识溢出渠道都拥有两条作用于区域经济的路径，一是直接对全要素生产率产生正向或负向的影响，一是凭借知识吸收能力的消极传导机制而间接影响生产效率。在同时纳入知识吸收能力中介变量和正式环境规制调节变量之后，检验结果显示正式环境规制负向调节知识吸收能力与区域全要素生产率之间的关系，在正式环境规制影响下知识吸收能力能够激发区域经济发展。当地区处于严格的正式环境规制之下，其知识吸收能力对全要素生产率的积极影响将受到削弱，当地区处于宽松的正式环境规制之下，其知识吸收能力对生产效率的积极影响将得到加强，由此可见地区在缺失正式环境规制时知识吸收将阻碍经济发展，在适当正式环境规制环境下知识吸收将促进经济增长，只是需要有效把握正式环境规制力度，过严则会削弱知识吸收的经济价值，较松虽会加强知识吸收的经济效益，但又不能过于宽松而导致知识吸收负面影响的出现。

  检验证实正式环境规制和非正式环境规制对区域知识吸收和经济发展具有有中介的调节效应，而其有调节的中介效应却未具统计上的显著性。控制正式和非正式环境规制的单独影响后，在知识溢出与全要素生产率基础模型中引入正式和非正式环境规制与知识溢出的交互项，正式环境规制与非正式环境规制对所有渠道知识溢出效应的作用方向一致，只是非正式环境规制的调节作用更为显著一些，这说明正式环境规制和非正式环境规制对区域知识吸收和经济发展具有相同影响，两者相辅相成且共同作用，正式环境规制是基础，非正式环境规制是补充。环境规制力度正向调节省区知识存量和 ODI 渠道知识溢出对经济效率的影响，负向调节省际、进出口和 FDI 渠道知识溢出效应对全要素生产率的作用。环境规制力度将强化省区知识存量的积极效应和 ODI 渠道的消极效应，将弱化省际互动的负面作用和其他渠道的正面作用。环境规制力度对不同渠道的知识溢出产生不同的影响，对省区存量、进出口、FDI 渠道知识溢出实现了"波特假说"的平衡，而在其他渠道知识溢出环境保护和经济建设之间未能实现有效兼顾。将知识溢出与环境规制置于知识吸收能力模型中，发现知识吸收能力与省区存量、省际和 ODI 渠道知识溢出正相关，与进出口和 FDI 渠道知识溢出负相关，地区从不同渠道所收获到的知识和学习到的技术是有差异的。在环境规制力度发挥调节作用过程中，正式环境规制与非正式环境规制在作用方向上仍然相同，能够对知识吸收能力产生一致影响。只是环境规制力度与知识溢出效应交互项在作用于全要素生产率和知识吸收能力上呈现截然不同的效果，对全要素生产率起积极作用的同时对知识吸收能力起消极作用，由此证实环境规制同时具有创新补偿效应和遵循成本效应，对知识吸收能力的影响是创新补偿效应的体现，对全要素生产率的影响是创新补偿与遵循成本之间博弈的结果。基于此，将知识吸收能力中介变量和环境规制力度调节变量同时纳入全要素生产率模型中，知识吸收能力在知识溢出与全要素生产率之间发挥负向的部分中介作用，知识溢出效应既能直接影响区域经济，又能经过知识吸收能力传递间接影响。正式环境规制与非正式环境规制仅在调节 FDI 渠道知识溢出效应时发挥不同作用，其他渠道上环境规制的不同方式具有相同影响，可能是因为外商直接投资通过经济流入在带动中国经济建设的同时将加重环境负担，正式环境治理手段和非正式环境治理意识在这一领域存在分歧，在经济发展和环境保护之间存在矛盾，正式环境规制倾向于经济利益，将增加这一渠道知识溢出压力和消极影响，非正式环境规制倾向于公众利益，将降低这一渠道知识溢出需求和负面影响。在其他渠道中，正式环境规制和非正式环境规制意见统一且步伐一致，环境规制力度负向调节省区存量、省际、进出口渠道知识溢出效应，正向调节 ODI 渠道知识溢出效应，这些调节作用将经过知识吸收能力的消极机制而传递到全要素生产率上。对于省区知识存量、进出口渠道而言，一方面对区域经济的促进作用受到环境规制的削弱，另一方面经过知识吸收能力的削减后才能到达全要素生产率。就省际互动而言，对区域生产效率的阻碍作用会受到环境规制和知识吸收能力的双重削减而更加负面。就 ODI 渠道而言，对区域经济的制约作用既会受到环境规制的影响而有所减弱，又会经由知识吸收能力传递而有所加固，这一拉锯过程刚好显示"波特假说"的存在和影响。

表 6-7 知识吸收能力知识溢出有调节的中介效应（正式环境规制）

因变量	第1步 全要素生产率	第2步 知识吸收能力	第3步 全要素生产率	第4步 全要素生产率
C	-0.002 (0.99)	-1.17 (0.32)	-0.23 (0.87)	-0.31 (0.83)
$lnR\&D^d$	0.31*** (0.00)	0.09* (0.09)	0.33*** (0.00)	0.32*** (0.00)
$lnR\&D^{do}$	-0.38 (0.70)	0.78 (0.33)	-0.23 (0.81)	-0.17 (0.86)
$lnR\&D^{f-ex}$	0.002 (0.92)	-0.04*** (0.00)	-0.01 (0.70)	-0.01 (0.62)
$lnR\&D^{f-im}$	0.03** (0.05)	0.01 (0.27)	0.03** (0.03)	0.04** (0.01)
$lnR\&D^{f-fdi}$	-0.01 (0.49)	-0.01* (0.07)	-0.01 (0.33)	-0.01 (0.25)
$lnR\&D^{f-odi}$	-0.03*** (0.00)	0.02*** (0.01)	-0.03*** (0.00)	-0.03*** (0.00)
知识吸收能力			-0.20** (0.03)	0.04 (0.75)
正式环境规制	-0.04* (0.09)	0.05*** (0.00)	-0.03 (0.22)	-0.01 (0.78)

续表

因变量	第1步 全要素生产率	第2步 知识吸收能力	第3步 全要素生产率	第4步 全要素生产率
正式规制*知识吸收				-0.55** (0.01)
R^2	0.63	0.93	0.64	0.66
F统计量	7.91*** (0.00)	57.42*** (0.00)	8.00*** (0.00)	8.20*** (0.00)
Hausman	23.30*** (0.00)	20.85*** (0.00)	21.95*** (0.01)	19.57** (0.02)
模型选择	FE/FE	FE/FE	FE/FE	FE/FE

表6-8 知识吸收能力知识溢出有中介的调节效应（环境规制综合变量）

因变量	第1步 全要素生产率	第2步 知识吸收能力	第3步 全要素生产率
C	1.11 (0.52)	-1.54 (0.15)	0.34 (0.36)
$lnR\&D^d$	0.27*** (0.00)	0.10* (0.06)	0.03 (0.23)
$lnR\&D^{do}$	-1.11 (0.33)	1.03 (0.15)	-0.31 (0.23)
$lnR\&D^{f-ex}$	0.01 (0.63)	-0.04** (0.02)	0.02 (0.36)
$lnR\&D^{f-im}$	0.06** (0.02)	-0.01 (0.60)	0.03* (0.06)
$lnR\&D^{f-fdi}$	0.01 (0.50)	-0.01 (0.12)	-0.001 (0.91)
$lnR\&D^{f-odi}$	-0.05*** (0.00)	0.01 (0.18)	-0.04*** (0.00)
知识吸收能力			-0.16*** (0.01)

续表

因变量	第1步 全要素生产率	第2步 知识吸收能力	第3步 全要素生产率
正式环境规制	0.25 (0.64)	0.02 (0.95)	0.26 (0.50)
非正式环境规制	5.61E-11 (0.19)	-1.38E-10*** (0.00)	5.49E-11** (0.03)
正式规制 * $\ln R\&D^d$	0.03 (0.60)	-0.01 (0.84)	-0.002 (0.95)
非正式规制 * $\ln R\&D^d$	6.81E-12 (0.19)	-2.92E-11*** (0.00)	-5.74E-13 (0.88)
正式规制 * $\ln R\&D^{do}$	-0.25 (0.48)	0.01 (0.95)	-0.18 (0.50)
非正式规制 * $\ln R\&D^{do}$	-2.94E-11 (0.29)	1.22E-10*** (0.00)	-2.12E-11 (0.22)
正式规制 * $\ln R\&D^{f-ex}$	-0.03 (0.35)	0.02 (0.32)	-0.03 (0.17)
非正式规制 * $\ln R\&D^{f-ex}$	-1.54E-13 (0.92)	8.07E-13 (0.40)	-4.88E-13 (0.68)
正式规制 * $\ln R\&D^{f-im}$	-0.04 (0.25)	0.002 (0.91)	-0.02 (0.30)
非正式规制 * $\ln R\&D^{f-im}$	-6.63E-12*** (0.01)	3.22E-12** (0.04)	-5.14E-12*** (0.01)
正式规制 * $\ln R\&D^{f-fdi}$	-0.01 (0.53)	0.01 (0.61)	0.01 (0.57)
非正式规制 * $\ln R\&D^{f-fdi}$	-7.28E-12** (0.02)	6.52E-13 (0.74)	-4.34E-12* (0.09)
正式规制 * $\ln R\&D^{f-odi}$	0.02 (0.47)	-0.01 (0.59)	0.02 (0.16)
非正式规制 * $\ln R\&D^{f-odi}$	3.05E-12*** (0.01)	-2.25E-13 (0.74)	2.54E-12*** (0.01)
R^2	0.68	0.96	0.57

续表

	第1步	第2步	第3步
因变量	全要素生产率	知识吸收能力	全要素生产率
F统计量	7.04*** (0.00)	82.05*** (0.00)	10.05*** (0.00)
Hausman	32.78** (0.04)	43.41*** (0.002)	27.66 (0.15)
模型选择	FE/FE	FE/FE	RE/FE

（二）环境规制力度与自主创新能力对知识吸收经济价值的整合影响

在知识吸收能力影响区域经济的过程中自主创新能力具有重要作用，区域知识吸收与自主创新的协同平衡是促进经济发展的关键所在。因此，在了解环境规制力度对知识吸收经济价值的作用机制后，将自主创新纳入进来，考察环境规制力度与自主创新能力对知识吸收经济价值的整合影响。检验结果表明环境规制力度与自主创新能力对区域知识吸收和经济发展具有有中介的调节效应，而有调节的中介效应却未通过统计上的显著性检验。自主创新与环境规制交互项仅在出口渠道知识溢出上正式规制与非正式规制作用方向一致，自主创新与环境规制一起正向调节出口渠道知识溢出。而在其他所有渠道上自主创新与环境规制不同方式所产生的影响截然不同，这说明在出口渠道上无论是正式还是非正式环境规制与自主创新能够强化知识溢出，环境规制不同方式之间是相互支撑与巩固的，在其他渠道上即便在相同自主创新能力之下，环境规制不同方式之间是相互补充和弥补的。当自主创新与正式规制正向调节某一渠道知识溢出时，自主创新与非正式规制将产生负向调节作用，这一定程度上论证了研究中同时关注正式环境规制和非正式环境规制的合理性和必要性。当考量自主创新与环境规制对知识吸收能力的调节作用时，除了省区知识存量和FDI之外，其他渠道知识溢出对全要素生产率与知识吸收能力拥有完全相反的效应。简言之，省区知识存量对生产效率和知识吸收均产生显著积极影响，FDI渠道知识溢出均产生消极影响；省际和ODI渠道知识溢出对经济发展具有阻碍作用，对知识吸收则具有促进作用；进出口渠道知识溢出能够激励生产增长，却约束知识吸收。这一方面揭示出不同渠道所产生的经济利益和知识价值拥有明显差别，另一方面体现了环境规制和自主创新对知识溢出效应具有重要影响。在纳入知识吸收中介变量、自主创新与环境规制调节变量之后，省区知识存量、进口渠道知识溢出既能直接促进经济增长，又能通过知识吸收负向传递机制而影响生产效率。省际、出口、FDI和ODI渠道知识溢出一方面直接制约经济发展，一方面经过知识吸收负向传导路径而影响区域经济。而在知识吸收能力传导知识溢出效应的时候，自主创新与环境规制交互作用将调节这一传递过程，自主创新与环境规制不同形式的交互项具有背道而驰的调节作用，在相同自主创新情境下正式与非正式环境规制对知识溢出的知识吸收效果产生此消彼长的互补影响，虽然不同环境规制形式的影响能够相互弥补甚至抵减，但自主创新与非正式环境规制的调节作用更为明显。因此，当地区基于自主创新实力和知识吸收能力从众多渠道获取知识溢出时，其对环境规制方式的选择和程度的把控尤为重要。

表6-9 知识吸收能力知识溢出有中介的调节效应
（自主创新能力与环境规制力度交互）

因变量	第1步 全要素生产率	第2步 知识吸收能力	第3步 全要素生产率
C	2.70* (0.07)	-2.21** (0.02)	2.16 (0.15)
$lnR\&D^d$	0.18** (0.01)	0.19*** (0.00)	0.22*** (0.00)
$lnR\&D^{do}$	-2.07** (0.04)	1.41** (0.03)	-1.73* (0.09)
$lnR\&D^{f-ex}$	0.002 (0.91)	-0.04*** (0.00)	-0.01 (0.62)

续表

因变量	第1步 全要素生产率	第2步 知识吸收能力	第3步 全要素生产率
$\ln R\&D^{f-im}$	0.04** (0.04)	-0.005 (0.71)	0.04** (0.04)
$\ln R\&D^{f-fdi}$	-0.005 (0.67)	-0.01** (0.05)	-0.01 (0.46)
$\ln R\&D^{f-odi}$	-0.03*** (0.01)	0.01 (0.11)	-0.03** (0.01)
知识吸收能力			-0.24** (0.04)
自主创新 * 正式规制	-0.45 (0.47)	1.33*** (0.001)	-0.13 (0.84)
自主创新 * 非正式规制	1.24E-10** (0.01)	-1.31E-10*** (0.00)	9.17E-11* (0.08)
自主创新 * 正式规制 * $\ln R\&D^d$	-0.07 (0.37)	0.12** (0.01)	-0.04 (0.61)
自主创新 * 非正式 * $\ln R\&D^d$	4.62E-12 (0.55)	-1.52E-11*** (0.00)	9.01E-13 (0.91)
自主创新 * 正式 * $\ln R\&D^{do}$	0.3266 (0.42)	-1.0618*** (0.00)	0.0674 (0.87)
自主创新 * 非正式 * $\ln R\&D^{do}$	-5.14E-11 (0.12)	1.07E-10*** (0.00)	-2.51E-11 (0.47)
自主创新 * 正式 * $\ln R\&D^{f-ex}$	0.01 (0.78)	-0.05** (0.04)	-0.001 (0.97)
自主创新 * 非正式 * $\ln R\&D^{f-ex}$	5.38E-13 (0.84)	7.25E-13 (0.67)	7.15E-13 (0.79)
自主创新 * 正式 * $\ln R\&D^{f-im}$	0.03 (0.34)	-0.08*** (0.00)	0.0142 (0.70)
自主创新 * 非正式 * $\ln R\&D^{f-im}$	-1.28E-11*** (0.01)	-3.22E-13 (0.91)	-1.28E-11*** (0.01)
自主创新 * 正式 * $\ln R\&D^{f-fdi}$	0.004 (0.86)	0.0107 (0.45)	0.01 (0.76)

续表

因变量	第1步 全要素生产率	第2步 知识吸收能力	第3步 全要素生产率
自主创新 * 非正式 * $\ln R\&D^{f-fdi}$	$-1.32E-11$** (0.01)	$-1.36E-12$ (0.67)	$-1.35E-11$*** (0.01)
自主创新 * 正式 * $\ln R\&D^{f-odi}$	-0.02 (0.53)	0.01 (0.63)	-0.02 (0.58)
自主创新 * 非正式 * $\ln R\&D^{f-odi}$	$4.48E-12$** (0.02)	$-1.41E-12$ (0.22)	$4.14E-12$** (0.03)
R^2	0.68	0.96	0.68
F统计量	6.81*** (0.00)	79.26*** (0.00)	6.89*** (0.00)
Hausman	41.84*** (0.003)	38.75*** (0.01)	31.12* (0.07)
模型选择	FE/FE	FE/FE	FE/FE

（三）环境规制与知识保护以及自主创新对知识吸收效用的三重交互作用

将知识吸收经济模型置于环境规制、知识保护和自主创新共同作用背景下，研究环境规制、知识保护和自主创新对知识吸收效用的三重交互作用。检验结果表明环境规制、知识保护、自主创新三重交互对知识吸收与经济发展具有有中介的调节效应，而有调节的中介效应却未通过统计上显著性检验。当在全要素生产率基础模型中引入自主创新、知识保护和环境规制三重交互变量（简称"创新基础综合变量"）后，创新基础综合变量将正向调节省区知识存量和ODI渠道知识溢出效应，负向调节省际、进出口和FDI渠道知识溢出效应，创新基础综合变量将加强省区知识存量的积极作用和恶化ODI渠道的消极作用，将削弱进出口的正向影响和减轻FDI渠道的负向影响。由此可见，区域知识保护水平、环境规制力度和自主创新实力对不同渠道知识溢出效应发挥不同作用，对知识溢出积极作用可能是巩固也可能是削弱,对知识溢出消极作用可能是恶化也可能是减轻。在知识溢出效应作用于知识吸收能力时,除进口渠道外其他所有渠道都能显著影响区域知识吸收能力,省区知识存量、省际、进口、ODI 渠道与知识吸收正相关,出口、FDI 渠道与知识吸收负相关。在此关系模型中,较之全要素生产率,创新基础综合变量与知识溢出交互项对知识吸收能力产生了截然相反的作用,创新基础综合变量负向调节省区知识存量、ODI 渠道知识溢出与知识吸收的关系,正向调节省际、进出口、FDI 渠道知识溢出与知识吸收的关系,这证实了"波特假说"在省区层面是存在的,也说明了创新补偿效应与遵循成本效应拥有差异化的作用路径。在同时考虑知识吸收中介变量和创新基础综合调节变量的整合模型中,所有渠道知识溢出效应均拥有两条影响区域经济的路径,一是在知识溢出过程中直接作用于全要素生产率,二是通过知识吸收的弱化机制而间接影响生产效率,知识吸收能力在其中发挥部分中介效应。创新基础综合变量正向调节省区积累和 ODI 渠道知识溢出效应,负向调节省际、进出口和 FDI 渠道知识溢出效应。这表明区域自主创新、知识保护和环境规制是知识有效溢出和经济有序发展的重要背景因素,不同渠道在其综合作用下拥有独特的知识溢出效果和经济发展路径。不同区域应根据自身资源禀赋、技术实力、经济水平、区位特点来开展适度的知识保护和环境规制,来激发高效的知识吸收和自主创新,这样才能实现区域经济稳步增长和社会全面发展。

表 6-10 知识吸收能力模型有中介的调节效应

(自主创新、知识保护与环境规制三重交互)

因变量	第1步 全要素生产率	第2步 知识吸收能力	第3步 全要素生产率
C	1.86 (0.20)	-2.88*** (0.00)	0.36 (0.25)
$\ln R\&D^d$	0.21*** (0.00)	0.20*** (0.00)	0.01 (0.44)

续表

因变量	第1步 全要素生产率	第2步 知识吸收能力	第3步 全要素生产率
$\ln R\&D^{do}$	-1.55 (0.11)	1.84*** (0.01)	-0.28 (0.19)
$\ln R\&D^{f-ex}$	0.002 (0.88)	-0.04*** (0.00)	0.01 (0.41)
$\ln R\&D^{f-im}$	0.03* (0.07)	0.01 (0.21)	0.02* (0.07)
$\ln R\&D^{f-fdi}$	-0.01 (0.39)	-0.02*** (0.00)	-0.0003 (0.96)
$\ln R\&D^{f-odi}$	-0.03*** (0.00)	0.02*** (0.00)	-0.02*** (0.00)
知识吸收能力			-0.14** (0.02)
自主创新*知识保护*环境规制	9.90E-11** (0.04)	-1.56E-10*** (0.00)	6.58E-11** (0.03)
自主创新*知识保护*环境规制*$\ln R\&D^{d}$	9.72E-13 (0.83)	-1.62E-11*** (0.00)	1.58E-12 (0.64)
自主创新*知识保护*环境规制*$\ln R\&D^{do}$	-6.01E-11** (0.04)	1.09E-10*** (0.00)	-4.30E-11** (0.03)
自主创新*知识保护*环境规制*$\ln R\&D^{f-ex}$	-3.07E-13 (0.86)	1.87E-12 (0.12)	-2.09E-13 (0.88)
自主创新*知识保护*环境规制*$\ln R\&D^{f-im}$	-1.02E-12 (0.36)	3.98E-12*** (0.00)	-1.18E-13 (0.90)
自主创新*知识保护*环境规制*$\ln R\&D^{f-fdi}$	-3.35E-12 (0.26)	2.41E-12 (0.24)	-2.99E-12 (0.26)
自主创新*知识保护*环境规制*$\ln R\&D^{f-odi}$	3.58E-12*** (0.01)	-1.78E-12** (0.05)	2.73E-12** (0.02)
R^2	0.66	0.95	0.54
F统计量	7.46*** (0.00)	72.95*** (0.00)	12.28*** (0.00)

续表

	第1步	第2步	第3步
因变量	全要素生产率	知识吸收能力	全要素生产率
Hausman	22.52** (0.05)	21.55* (0.06)	20.32 (0.12)
模型选择	FE/FE	FE/FE	RE/FE

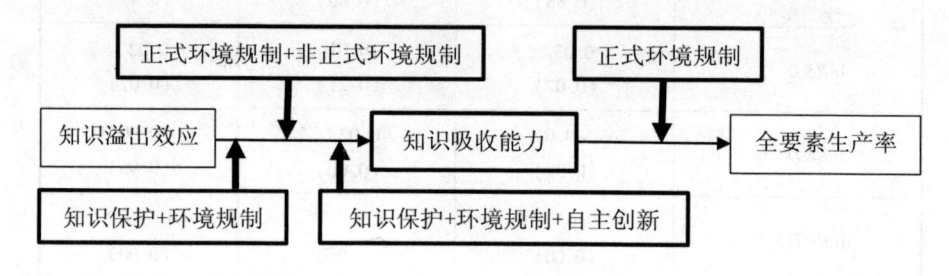

图6-3 环境规制力度下知识吸收与知识溢出

第七章

区域创新能力提升策略与协调发展机制

区域在利用自主创新能力和知识吸收能力而获得知识溢出以建设经济之时，自主创新与知识吸收是否能够从知识溢出中获益，是否能够对经济发展发挥积极功效受制于国家或区域的知识产权保护与环境规制力度。对知识产权的保护水平将影响区域从互动和交易中对先进知识的收获程度，对所处环境的规制力度将影响区域所能使用的资源和所能发展的作用。因此，在探究区域自主创新能力与经济发展之间的复杂关系之后，将研究视角投射到区域环境背景上，探析知识产权保护和环境规制力度的关键作用，并在此基础上归纳区域在培育自主创新能力的过程中，地方政府的角色利益与行为选择，以及区域自主创新能力提升策略。

第一节 区域自主创新能力与地方政府行为选择

无论是在区域培育自主创新能力过程中，以财政分权、腐败程度、官员特征和制度环境来度量的政府力量，还是在区域实现自主创新经济价值过程中，以知识保护水平和环境规制力度来衡量的管理行为，都离不开地方政府与中央政府的演化博弈和行为互动，以及地方政府的利益取向和行为选择。

中央政府以社会整体利益最大化为行为目的，地方政府在追利性驱动下以地方利益最大化为行为目标，即追逐地方政府的经济利益和政治利益（周业安，2003；周黎安，2007），中央政府提供公共物品、弥补市场失灵、参与市场竞争、进行宏观调控，自利驱动政府实现政治目标、干预市场机制、获取垄断收益。中央政府与地方政府基于利益最大化原则进行策略选择，中央政府以硬性的约束性指标和严格的官员问责机制引导地方政府在社会利益和地方私利之间平衡，在经济建设与社会发展之间均衡。而地方政府以本地利益最大化为价值取向，本地利益既包括政府组织自身利益，又包括区域公众利益，既包括经济利益，又包括政治利益（赵静、陈玲、薛澜，2013）。因此，赵静等（2013）提出地方政府同时具有代理人和自利人的双重角色，一方面作为上级政府代理人传达上级指令与执行上级政策，作为地方公共事务代理人引导社会经济发展和满足辖区公众需求，另一方面作为代表政府组织的自利人，直接获取经济价值，作为代表区域公众的自利人，间接获取经济利益。借助代理人和自利者双重角色，将地方政府划分为四种角色类型，计划型政府、监管型政府、竞争型政府和保护型政府。计划型政府即将自己视为上级政府的代理机构，以直接方式追逐组织自身利益；监管型政府也是上级机构的代理者，但以间接方式实现区域经济价值；竞争型政府将自己视为管理公共事务的辖区代理人，以参与竞争的直接方式获得收益；保护型政府也是地区社会公众的代理者，以地方保护的间接方式获得利益。

　　在了解地方政府的利益倾向和角色定位后，当地方政府在自主创新与引进吸收之间，在知识充分共享与适当保护之间，在环境保护与经济建设之间进行行为选择时，实际上是地方政府在与中央政府之间的演化博弈和行为互动，是地方政府在不同利益倾向和角色定位之间的谨慎抉择。在地方政府培育自主创新能力的过程中，一直面临有限资源如何合理配置的难题，如果地方政府在自利角色中倾向于获取直接利益，则会选择将资源投入能够直接带来价值和快速见到成效的领域，而不是自主创新领域，也不是关注区域人力资本、社会资本和智力资本的积累，而这些往往是倾向于获取间接利益的地方政府才会选择的行为。这也就能合理解释区域在人力资本、社会资本和智力资本上的不同禀赋状态和差异特点呈现，能够有力支撑区域自主创新能力在形成机制的差别和发展趋势上的特色。此外，在区域自主创新能力形成过程中，财政分权、腐败程度、官员特征和制度环境都蕴含着不同地域的地方政府对自身代理人和自利人的不同定位，地方政府在四种角色类型中的不同选择将决定其在这些政府力量上展现不同特点，进而影响到区域自主创新能力的形成与发展。在地方政府实施知识保护和环境规制的过程中，一直面临执行力度和实施效果的考验，如果地方政府在代理角色中倾向于对上代理即执行上级行政指令，则会有效落实中央政府制定有关知识保护和环境规制的制度与政策，知识保护水平更为一致，正式环境规制更为有效，而非程度不一的知识保护和作用突出的非正式规制手段，这些都是倾向于对下代理即管理地方公共事务的地方政府才会选择的行为，这也就能有效说明区域知识保护水平和环境规制力度为何拥有不同基础以及产生不同效果，也能够在一定程度上理解为何知识保护与环境规制均可同时收获价值与承担压力。综上所述，在区域自主创新能力形成机制和影响路径中，地方政府的利益取向、角色定位和行为选择产生了重要影响。从区域自主创新能力形成机制上看，地方政府的价值取向和角色定位不仅间接调控区域协同资本的开发与积累，宏观引导地区技术选择和网络互动，还以财政分权、反腐力度、官员特征和制度环境的形式直接影响区域自主创新能力的形成与提升。从区域自主创新能力影响机理上看，地方政府的价值取向和角色定位指引经济互动中的知识溢出，关注经济建设中的价值回报，实施适度且有效的知识保护和环境规制。在区域自主创新能力整合模型中，地方政府力量贯穿始终且至关重要。

第二节　区域创新能力提升策略与经济协调发展机制

基于2006—2013年中国30个省区面板数据，实证研究中国区域自主创新能力的形成机制和影响机理，深入挖掘自主创新的区位特点、政府作用和经济价值。研究证实了区域人力资本、社会资本和智力资本是培养自主创新能力的重要基础，区域静态技术特征和动态网络互动是提升自主创新能力的关键环节，人力资本、社会资本和智力资本的创新激励性将经由技术选择和技术进步所代表的技术特征，以及官产学研合作和创新网络结构所代表的网络互动而传递至区域自主创新能力上，在此过程中地方政府依托财政分权度、腐败程度、官员特征和制度环境而发挥重要作用。在了解区域自主创新能力形成机制之后，将关注点聚焦于自主创新能力的影响机理，实证检验了区域知识溢出和经济增长是由区域自主创新能力所引致的，从省区知识资本、省际互动、国际贸易和经济往来中溢出知识加以消化吸收和二次创新，经由知识吸收和自主创新而影响区域全要素生产率，并从中发现自主创新能力与区域经济增长之间的耦合关系，以及知识吸收与自主创新之间的协同—平衡效应。在此基础上，将区域自主创新与经济发展的关系模型置于区域知识保护水平和环境规制力度背景下，研究证实了区域知识保护和环境规制是自主创新能力面临的特殊情境，区域适当的知识产权保护水平和适度的环境规制力度将有利于自主创新和经济发展，地方政府在进行知识保护和环境规制时因利益取向、角色定位不同而选择不同行为和方式，因此，知识保护水平和环境规制力度的适当程度和合适方式是当前以及未来促进自主创新和经济发展所需要重点关注之处。鉴于此，可以归纳出区域自主创新能力提升策略和协调发展机制。

第一，从区域区位特点出发加强人力资本、社会资本和智力资本建设以积累创新基础资源。在创新驱动战略影响下，创新能力尤其是自主创新能力已经成为国家或者区域在激烈竞争中能够脱颖而出的关键所在。与自主创新战略地位和重要作用凸显相对应的却是自主创新资源匮乏和效果平平，对于自主创新而言，至关重要却又束手无策是其带来的难题。区域要想挣脱这一创新困境，就需要寻找到有利于自主创新的关键资源，既能帮助实现区域自主创新，又能与区域自身特点息息相关。在影响区域自主创新能力的众多因素中，人力资本、社会资本和智力资本无疑是最为重要和最难驾驭的基础资源。区域人才队伍质量、社会信任程度和知识运用能力既是区域区位特点的综合体现，又是激发区域自主创新的关键元素。然而建设人才队伍成效缓慢、建立社会信任容易忽视、运用知识能力亟须积累，使得区域无法从中快速获利而备受冷落。但无论是实践经验还是理论论证都揭示出人力资本、社会资本和智力资本的重要价值，因此区域乃至国家要想实现自主创新能力的有效提升和长足发展，就需要从自身特点出发建设人力资本、社会资本和智力资本，为自主创新积累重要资源和奠定坚实基础。

第二，从区域技术基础出发选择适宜技术以提升自主创新能力。区域自主创新能力的提升在积累创新资源和做好创新准备的基础上，需要了解自身技术实力，调整合适的技术状态和选择适宜的进步路径，为区域自主创新提供恰当的技术支撑。区域在自身实际技术水平基础上，通过协调合理的资本劳动比率（技术结构）以及整合匹配的技术要素禀赋结构（技术匹配），来调适技术状态使其与区域生产要素资源禀赋状态相适应，使其与区域技术实力相匹配，方能以合适技术开展有效创新。由于技术在具有积累性的同时也具有动态性，区域技术在积累过程中是否选择了适当的进步路径和发展轨迹，也将影响到区域的技术发展和创新实现，因此区域还需要选择适宜的技术路径（技术进步），为未来技术发展提供一个清晰的发展蓝图和有效的成长空间。简言之，区域通过协调恰当的技术基础状态和规划合适的技术发展轨迹来为自主创新奠定技术平台，而区域自主创新关键资源（人力资本、社会资本、智力资本）将依托技术特征调整和技术路径选择来改善区域技术实力和影响区域自主创新。

第三，从区域创新互动出发开展全面合作与构建创新网络以引导技术优化升级。在静态角度调整技术状态和规划技术路径之后，区域需要在动态角度上建立全面合作机制和搭建创新平台以实现技术优化升级和创新资源共享。大量研究证实，充分开展官产学研合作和全面建立创新网络是区域自主创新能力得以持续提升的关键所在。对于特定区域而言，作为创新利益相关方的政府、企业、高校、研究机构是否得到有效合作，是否实现资源共享，是否外溢创新价值，取决于区域是否拥有充分促进官产学研合作的机制和基础。区域只有大力激发官产学研的深度合作和持续互动，才能带来区域资源共享、技术提升和创新实现。与此同时，区域在经济往来和互动合作中是否搭建起合适的创新网络，是否关注于创新平台建设，是关系到区域自主创新能力提升的重要因素。因此，区域应当在政府、企业、高校和研究机构之间建立起联系桥梁，鼓励积极开展合作，引导创新利益相关者承担起创新责任，并且在区域内部以及外部构建全方位的创新网络，刺激将多种力量融入创新之中，激励将多方资源投入创新之中，以此有效引导区域技术升级和自主创新实现。

第四，从区域创新价值出发实现区域自主创新与经济建设的协同耦合与合理响应。区域自主创新具有独特的知识效用和经济价值，能够以自主创新激发知识溢出，以自主创新促进经济增长。然而，在区域自主创新与经济增长之间存在复杂关系，自主创新可能因与经济增长系统之间未达协同耦合状态而阻碍经济发展，可能因与经济发展系统之间未达合理响应程度而胁迫地方经济。因此，区域应当将自主创新能力培养与经济建设整合起来，不可偏废其一或孤立而行，应该在经济建设过程中提升自主创新能力，在自主创新过程中关注经济增长状态，在整合系统中动态关注自主创新与经济建设的耦合状态，有效掌控自主创新与经济建设的响应程度，以实现自主创新与经济建设共赢和协同的目的。在此过程中，区域需要根据自身实际情况和区位特点，同时关注自主创新和知识吸收，通过综合使用以充分发挥自主创新与知识吸收的协同效用，通过重点培育以侧重激发自主创新与知识吸收的独特优势，以此有效促进地区技术升级和经济增长。

第五，从有效管控角度实施适度的知识保护和环境规制以营造自主创新的适宜氛围。区域自主创新并不是一个孤立的行为，是受到众多因素共同影响的产物。由于自主创新存在经济价值和知识效用，在省区知识积累、省际互动、国际贸易和经济往来过程中，区域能够从中获得经济收益，也能从中获取知识溢出，这无疑是非常有利于区域的自主创新。但区域所能收获的经济利益和所能得到的溢出知识却存在着较大的不确定性，互动双方知识存量、技术实力、经济水平、文化背景等上的差异与差距都将影响区域从中收获的大小，而这一不确定性在区域不同知识保护水平和环境规制力度情境下将更具风险。因此，地区应当依据其区位特点和禀赋状况开展适度的知识保护和环境规制，以适当的知识保护来维持自主创新动力，以适宜的环境规制来发挥创新补偿效应，进而在平衡创新与吸收以及兼顾经济与环境的基础上推动区域经济发展。而无论是知识保护还是环境规制均需要控制在一个合适的程度范围内，因为过严或过宽的知识保护和环境规制将以创新低效和经济损失为代价。

第六，从社会管理角度提升政府管理效能以发挥引导自主创新的应有功效。在区域自主创新能力形成机制和影响机理中，政府力量的重要性日益凸显。无论是自主创新能力形成机制中的财政分权、腐败程度、官员特征、制度环境，还是自主创新能力影响机理中的知识保护和环境规制，都离不开地方政府的政策引导和有效管理。地方政府在区域自主创新行为形成与效果发挥过程中的行动表现和管理效能源于其利益取向和角色定位。因此，地方政府应当根据自身实际情况、特定利益取向和不同角色定位，制定合适政策和选择恰当行为以实施高效管理和规范引导。在区域自主创新和经济建设过程中地方政府应当积极承担引导与支持作用，合理配置资源投入，努力尝试知识吸收，积极引导自主创新，有效开展知识保护，适度展开环境规制，以廉洁高效的政府管理引领区域最终实现经济稳步健康发展的目标。

综上所述，中国情境下区域应当基于当前实际情况和未来发展目标，积极探索富有中国特色和地域特点的自主创新发展之路。区域以建设人力资本、社会资本和智力资本为基础，以调整适当技术结构、提升技术匹配程度和选择适宜技术进步路径为前提，以展开官产学研合作和构建创新网络为契机，并辅之以高效政府管理行为，来实现区域自主创新能力的有效开发与持续提升。与此同时，在开发区域自主创新能力之际，需要关注三个与自主创新息息相关的元素。一是需要关注自主创新与经济建设之间的耦合响应程度，以规避自主创新对经济发展的胁迫限制，进而实现自主创新与经济发展的协同提升；二是需要关注自主创新与知识吸收之间的协调平衡程度，以充分整合和交互促进来实现技术升级和知识溢出，进而实现技术发展与经济增长的支撑响应；三是需要关注自主创新与所处环境之间的适应互动程度，以合适的知识保护水平和环境规制力度来激发创新动机和激励绿色行为，进而实现自主创新和经济增长的协调发展。

参考文献

[1] 樊纲，王小鲁，朱恒鹏. 中国市场化指数——各地区市场化相对进程2006年报告 [M]. 北京：经济科学出版社，2007.

[2] 金碚. 竞争秩序与竞争政策 [M]. 北京：社会科学文献出版社，2005.

[3] 李斌，王小龙. 体制转轨、经济周期与宏观经济运行 [M] //刘树成. 中国经济周期研究报告. 北京：社会科学文献出版社，2006.

[4] 王元地. 中国自主创新政策评价研究 [M]. 北京：经济管理出版社，2013.

[5] 周黎安. 转型中的地方政府：官员激励与治理 [M]. 上海：上海人民出版社，2008.

[6] 陈灿平. 我国人力资本存量与经济增长关系的实证研究 [J]. 西南民族大学学报（人文社科版），2009（8）：218-221.

[7] 陈钰芬. 区域智力资本测度指标体系的构建 [J]. 统计研究，2006（2）：24-29.

[8] 陈菲琼，王寅. 效率视角下技术结构调整与经济发展方式转变 [J]. 数量经济技术经济研究，2010（2）：104-117.

[9] 曹春方. 政治权力转移与公司投资：中国的逻辑 [J]. 管理世界，2013（1）：143-156.

[10] 戴亦一，潘越，刘新宇. 社会资本、政治关系与我国私募股权

基金投融资行为［J］.南开管理评论,2014（4）：88-97.

［11］方红生,张军.财政集权的激励效应再评估：攫取之手还是援助之手？［J］.管理世界,2014（2）：21-31.

［12］顾元媛,沈坤荣.地方官员创新精神与地区创新——基于长三角珠三角地级市的经验证据［J］.金融研究,2012（11）：89-102.

［13］顾元媛,沈坤荣.地方政府行为与企业研发投入——基于中国省际面板数据的实证分析［J］.中国工业经济,2012（10）：77-88.

［14］黄萃,任弢,张剑.政策文献量化研究：公共政策研究的新方向［J］.公共管理学报,2015（2）：129-137.

［15］殷华方,潘镇,鲁明泓.中央—地方政府关系和政策执行力：以外资产业政策为例［J］.管理世界,2007（7）：22-36.

［16］刘家树,菅利荣.知识来源、知识产出与科技成果转化绩效——基于创新价值链的视角［J］.科学学与科学技术管理,2011（6）：33-40.

［17］刘智勇,胡永远,易先忠.异质型人力资本对经济增长的作用机制检验［J］.数量经济技术经济研究,2008（4）：86-96.

［18］李梓涵昕,朱桂龙,刘奥林.中韩两国技术创新政策对比研究——政策目标、政策工具和政策执行维度［J］.科学学与科学技术管理,2015（4）：3-13.

［19］李光泗,沈坤荣.技术能力、技术进步路径与创新绩效研究［J］.科研管理,2013（3）：1-6.

［20］李猛,沈坤荣.地方政府行为对中国经济波动的影响［J］.经济研究,2010（12）：35-47.

［21］罗炜,饶品贵.盈余质量、制度环境与投行变更［J］.管理世界,2010（3）：140-149.

［22］李诗田,邱伟年.政治关联、制度环境与企业研发支出［J］.科研管理,2015（4）：56-64.

[23] 罗党论, 佘国满. 地方官员变更与地方债发行 [J]. 经济研究, 2015 (6): 131-146.

[24] 彭纪生, 仲为国, 孙文祥. 政策测量、政策协同演变与经济绩效: 基于创新政策的实证研究 [J]. 管理世界, 2008 (9): 25-36.

[25] 沈坤荣, 付文林. 中国的财政分权制度与地区经济增长 [J]. 管理世界, 2005 (1): 31-39.

[26] 王海燕, 郑秀梅. 创新驱动发展的理论基础、内涵与评价 [J]. 中国软科学, 2017 (1): 41-49.

[27] 王金营. 中国经济增长与综合要素生产率和人力资本需求 [J]. 中国人口科学, 2002 (2): 13-19.

[28] 汪曲. 技术结构视角下吸收能力与知识溢出效应——基于中国省际1995—2009年面板数据的经验研究 [J]. 经济管理, 2012 (9): 12-24.

[29] 汪曲. 技术选择、R&D 溢出与区域生产率增长——基于1995—2009年中国省区面板数据的经验分析 [J]. 经济管理, 2013 (5): 31-42.

[30] 王贤彬, 徐现祥. 地方官员来源、去向、任期与经济增长——来自中国省长省委书记的证据 [J]. 管理世界, 2008 (3): 16-26.

[31] 王峥, 龚轶. 创新共同体: 概念、框架与模式 [J]. 科学学研究, 2018 (1): 140-148.

[32] 王鹏, 张剑波. 外商直接投资、官产学研合作与区域创新产出——基于我国十三省市面板数据的实证研究 [J]. 经济学家, 2013 (1): 58-66.

[33] 吴晓波. 二次创新的周期与企业组织学习模式 [J]. 管理世界, 1995 (3): 168-172.

[34] 魏下海, 董志强, 刘愿. 政治关系、制度环境与劳动收入份额——基于全国民营企业调查数据的实证研究 [J]. 管理世界, 2013

(5): 35 - 46.

[35] 谢青, 田志龙. 创新政策如何推动我国新能源汽车产业的发展——基于政策工具与创新价值链的政策文本分析 [J]. 科学学与科学技术管理, 2015 (6): 3 - 14.

[36] 徐林明, 孙秋碧, 李美娟. 基于方法集化的区域自主创新实力动态组合评价研究 [J]. 福州大学学报 (哲学社会科学版), 2014 (6): 31 - 39.

[37] 原毅军, 谢荣辉. 环境规制的产业结构调整效应研究——基于中国省际面板数据的实证检验 [J]. 中国工业经济, 2014 (8): 57 - 69.

[38] 于凌云. 教育投入比与地区经济增长差异 [J]. 经济研究, 2008 (10): 131 - 143.

[39] 余典范, 干春晖. 适宜技术、制度与产业绩效——基于中国制造业的实证检验 [J]. 中国工业经济, 2009 (10): 47 - 57.

[40] 于良春. 反行政性垄断与促进竞争政策前沿问题研究 [M]. 北京: 经济科学出版社, 2008.

[41] 于明洁, 郭鹏, 张果. 区域创新网络结构对区域创新效率的影响研究 [J]. 科学学与科学技术管理, 2013 (8): 56 - 63.

[42] 杨海生, 陈少凌, 罗党论, 佘国满. 政策不稳定性与经济增长——来自中国地方官员变更的经验证据 [J]. 管理世界, 2014 (9): 13 - 28.

[43] 赵筱媛, 苏竣. 基于政策工具的公共科技政策分析框架研究 [J]. 科学学研究, 2007 (1): 52 - 56.

[44] 邹薇, 代谦. 技术模仿、人力资本积累与经济赶超 [J]. 中国社会科学, 2003 (5): 26 - 38.

[45] 詹新宇. 市场化、人力资本与经济增长效应——来自中国省际面板数据的证据 [J]. 中国软科学, 2012 (8): 166 - 177.

[46] 朱桂龙, 程强. 我国产学研成果转化政策主体合作网络演化研

究[J]. 科学学与科学技术管理, 2014 (7): 40-48.

[47] 朱平芳, 李磊. 两种技术引进方式的直接效应研究——上海市大中型工业企业的微观实证[J]. 经济研究, 2006 (3): 90-102.

[48] 周黎安, 陶婧. 政府规模、市场化与地区腐败问题研究[J]. 经济研究, 2009 (1): 57-69.

[49] 张尔升. 地方官员的企业背景与经济增长——来自中国省委书记、省长的证据[J]. 中国工业经济, 2010 (3): 129-138.

[50] 张军, 高远. 官员任期、异地交流与经济增长——来自省级经验的证据[J]. 经济研究, 2007 (11): 91-103.

[51] 张维迎, 柯荣住. 信任及其解释: 来自中国的跨省调查分析[J]. 经济研究, 2002 (10): 59-70.

后　记

　　对创新领域的关注始于 2009 年，在武汉大学经济与管理学院攻读博士学位之时，在导师李燕萍教授的指导与引领下，围绕创新主题开展了系列研究，自此至今不知不觉已有一十二年。现在，将广东省哲学社会科学规划项目研究成果修改完善并形成书稿之际，十几年来的美好回忆跃然眼前，心中不禁感慨万千。这里谨略表一二。在研究开展过程中以及本书写作过程中，武汉大学经济与管理学院李燕萍教授及师门同门，中南财经政法大学公共管理学院陈全明教授自始至终给予了支持、鼓励与帮助。此外，现工作单位汕头大学法学院以及公共管理系同仁之间的合作与交流让我丰富了思想与拓展了视野。汕头大学法学院公共管理系行政管理专业研究生周倩全程参与研究，研究生华艺、武晶晶、李平、侯梅雨、张曼、许愉对研究的热爱与虚心，进一步增强了我对研究的动力与使命。最后，在本书即将成书之际，对光明日报出版社编辑老师的辛苦付出深表谢意。

　　本书的完成与出版离不开家人多年的支持与帮助，感谢父母无私的付出支撑起我的梦想，感谢先生和女儿的理解与信任激励着我不断前进，感谢妹妹及家人的鼓励与包容让我生活在温暖与爱中。虽然本书不尽完美，但谨以此作为礼物献给我最亲爱的家人。